9Marks
BUDOVANIE ZDRAVÝCH ZBOROV

Na zbore stále záleží

Prečo je Kristovo telo nenahraditeľné

Collin Hansen
a Jonathan Leeman

ReFormatio

ReFormatio je knižná edícia vydavateľstva Porta libri, ktorej cieľom je pomáhať ľuďom
s porozumením a aplikáciou Biblie.

Preklad © Šimon Evin
Obálka a sadzba © Andrej Mišina – grafickydizajner.sk

9Marks ISBN: 978-1-958168-15-8

Mojej domácej skupine:
Tí, čo sú spolu počas pandémie, spolu ostanú.

Collin

Mojim bratom a sestrám v Cheverly Baptist Church

Jonathan

Obsah

Úvod

Ak nenavštevujete cirkev, možno na to máte dosť veľa dôvodov. S príchodom pandémie prestalo mnoho ľudí navštevovať cirkevné zbory – podľa niektorých odhadov je to až tretina ľudí. Možno ste jedných z nich. Táto kniha vám chce pomôcť nanovo objaviť cirkev. Možno vám tiež pomôže objaviť odpoveď na otázku, prečo Boh chce, aby medzi vaše priority patrilo stretávanie sa s ostatnými veriacimi a oddanosť cirkevnému zboru. Jednoducho povedané – kresťan bez cirkvi je kresťan s problémami.

V dnešnej situácii už nemôžeme predpokladať ani to, že oddaní veriaci v Ježiša Krista chápu, že je nevyhnutné, aby cirkvi venovali svoj čas a záujem. Počet tých, ktorí sa identifikujú ako kresťania je omnoho väčší ako počet ľudí navštevujúcich pravidelné kresťanské stretnutia. Navyše, drvivá väčšina finančných príspevkov a tiež aj služba v cirkvi prichádza od malého počtu ľudí. V skutočnosti COVID-19 nespôsobil to, že kresťania zrazu zistili, že cirkev nepotrebujú. Milióny ľudí sa tak rozhodli ešte skôr, ako sa so stretávaním sa v cirkvi začali spájať online registrácie, sociálny odstup a rúška.

Vznik priepasti medzi osobnou vierou a organizovaným náboženstvom COVID-19 iba urýchlil. Izolácia nás zaskočila svojím náhlym príchodom a nekonečne dlhým trvaním. Navyše je ťažké vrátiť sa k zvyku, ktorý sme museli na mesiace prerušiť. Tento problém sa však netýka len cirkvi. Skúste si ísť znova zacvičiť do posilňovne, keď sa bojíte prekročiť prah jej dverí.

Návrat k pravidelným aktivitám v cirkvi by bol ťažký aj bez nečakanej a dlhotrvajúcej prítomnosti smrteľnej choroby, ktorá nás izoluje od druhých. Strach z nákazy je však tým najmenej závažným dôvodom, ktorý presvedčil mnohých kresťanov držať sa mimo cirkvi. Hádky o rúškach, vakcínach a mnohých iných veciach rozdelili členov cirkvi uväznených doma a prilepili ich k novinkám na Facebooku plných varovaní a konšpiračných teórií. V skutočnosti sa mali kresťania navzájom oveľa radšej pred vznikom sociálnych sietí. Odstráňte z rovnice zážitky každotýždenného spoločného uctievania pod jednou strechou, ktoré zjednocujú členov cirkvi, a putá priateľstva zhrdzavejú.

To však nie je všetko. Ešte výraznejším zdrojom rozkolov môžu byť politické názory. Ako môžeme uctievať Boha spolu s niekým, kto má také odlišné priority? Iste, kresťania možno majú rovnaké názory na Trojicu, krst, či dokonca eschatológiu. Načo to však je, keď máme zdanlivo viac spoločného s našimi politickými spojencami, ktorí možno ani nie sú kresťania? Radšej sa ani nepozerajme na kazateľov. Kým sme boli zavretí doma, nikdy za nami neprišli, a to aj napriek tomu, že počuli naše pripomienky a vedeli o našich potrebách. Ako vlastne počas pandémie trávili čas? Online kázne neboli pútavé – ak si vôbec niekto dal tú námahu a pustil si ich počas toho, ako ho otravovali deti unudené z domáceho „väzenia". Obyčajní kazatelia sa však ani nemôžu porovnávať s odvážnymi vodcami, ktorí sa tomuto problému postavili čelom priamo v televíznych rozhovoroch a článkoch. Navyše, nebolo nikdy ľahšie bez pocitu viny sledovať online kázne iných kazateľov a tiež sa vyhnúť vlastnému zboru. Vedeli sme, že na to nikto nepríde, keďže sme našich kazateľov aj tak osobne nevideli.

Áno, všetci máme veľa dôvodov nevrátiť sa do cirkvi. Veľa zborov vlastne ani neočakáva, že sa vrátime. Spúšťajú virtuálne zbory a zamestnávajú virtuálnych kazateľov. V nedeľu ráno si už nemusíme privstať, dokonca si už ani nemusíme obliecť nohavice. Už nemusíme hľadať miesto na parkovanie a už sa viac nemusíme snažiť ignorovať plačúce deti iných ľudí. Už sa nemusíme nezáväzne rozprávať s ľuďmi, ktorých politické presvedčenia nás odpudzujú, či potláčať zívanie počas dlhých kázní. Už nemusíme ochutnávať chlieb a víno.

BUDÚCNOSŤ PRE CIRKEV?

Má ešte cirkev budúcnosť? Je budúcnosťou virtuálna cirkev? Áno aj nie. Cieľom tejto knihy je presvedčiť vás, že návrat do cirkvi má zmysel. Nerobíme si ilúzie, vieme si predstaviť, že niekto môže mať s miestnym zborom problém. Vlastne každý, kto cirkev miluje, sa musí učiť odpúšťať kresťanom a znášať ich. Boh nás do cirkvi nevolá iba preto, že je to príjemné miesto, kde môžeme nájsť trochu duchovného povzbudenia. Naopak, pozýva nás do duchovnej rodiny vyvrheľov a tých, čo nikam nezapadajú. Pozýva nás do domácnosti, ktorá je málokedy tým, čo chceme, no je presne tým, čo potrebujeme.

Skúste si spomenúť, ako vyzerala cirkev pred pandémiou. Keď ste sa rozhliadli po zhromaždení, ktoré sa zišlo, aby spievalo, modlilo sa a počúvalo Božie slovo, možno ste si pomysleli, že tam všetci sedia radi. Možno ticho počúvali kazateľovu kázeň, alebo zvolali Amen!, keď chceli potvrdiť nejakú myšlienku. Možno dvíhali ruky, keď spevácky zbor viedol chvály, alebo mali oči upreté do spevníka. Možno vám priateľsky potriasli rukou a pozdravili vás, alebo vám len rýchlo zaželali „Pokoj s tebou" a išli ďalej. Nie všetko je však také, ako sa zdá, dokonca ani v zbore plnom usmiatych tvárí. Pandémia narušila vzťahy a poodhalila bolesti a strach, ktoré sa skrývajú za usmiatymi maskami.

Za každým úsmevom v zbore sa skrýva príbeh. Skrýva sa za ním rodina, ktorá sa celou cestou z domu hádala, až kým neprekročili prah kostola. Skrýva sa za ním vdova, ktorú stále bolí strata, na ktorú už ostatní zabudli. Skrýva sa za ním osamelá duša, ktorá zápasí s pochybnosťami o Božej dobrote uprostred celoživotného utrpenia a bolesti. Možno sa za ňou skrýva kazateľ, ktorý pochybuje, či môže od zboru žiadať, aby nasledoval Ježiša, keď práve on počas týždňa toľkokrát zlyhal. Ani jeden deň v týždni si nemôžete byť istý, ako sa cítia, alebo čo si myslia jednotliví členovia cirkvi – bez ohľadu na to, ako na vás pôsobia. Ani si nemôžete byť istý, prečo vlastne každý jeden z nich v ten deň prišiel do spoločenstva. Práve preto nikdy neviete, kto sa vráti a kto už nie. Niekto dôsledne skúma vieroučné stanoviská rôznych zborov, než si vyberie ten, s ktorým sa najviac stotožňuje. Iný si len potrebuje nájsť niekoho známeho v novom meste. Ďalší len skáče od zhromaždenia k zhromaždeniu a nedokáže nájsť to pravé. Niekto ďalší si nevie predstaviť dôvod, prečo by mal opustiť zbor, v ktorom vyrastal a v ktorom zažil životné míľniky ako je narodenie, sobáš, či smrť blízkeho. Len na základe vonkajška sa nedá poznať celý obraz, dokonca ani vo vašom vlastnom zbore.

Prečo by sme teda mali nanovo objavovať cirkev? Prečo by sme mali opäť v nedeľu ráno vstať z postele alebo v stredu večer z gauča? Prečo by sme si spomedzi viacerých možností mali vybrať práve pravidelnú návštevu konkrétneho spoločenstva? Prečo by sme sa vôbec mali zaoberať kresťanstvom? Pasivita cirkvi počas pandémie svetu veľmi neublížila. Čo je to vlastne cirkev? Je to podporný klub pre emočne a mentálne slabých? Je to skupina politických aktivistov s rovnakým a neoblomným názorom? Je to komunita ľudí, ktorí radi spievajú staré piesne? V čase, keď nás ohrozovala smrteľná choroba a ľudia sa bežne nestretávali, pôsobila cirkev na svet veľmi podivne (viac ako obvykle), keďže sa jej členovia stretávali (alebo sa chceli stretávať) kvôli dôverným rozhovorom, tichej meditácii, či kvôli spevu – obzvlášť, ak tieto stretnutia napĺňalo učenie prastarej knihy plnej zvláštnych praktík (ako zvieracie obety) a táto prastará kniha má navyše podľa kresťanov absolútnu autoritu.

Čo presne sa deje, keď navštevujeme cirkev? Nemáme na mysli len kázeň, spievanie či bohoslužbu (hoci sa týmto i ďalším veciam ešte budeme venovať). Chceme skôr poukázať na to, čo v skutočnosti znamenajú úsmevy, spievanie piesní, či čítanie z Biblie. Hovoríme o Božích plánoch a zámeroch – pretože váš zbor je viac, než len to, čo vidíme očami. Vlastne je zrenicou Božieho oka, telom, za ktoré Ježiš Kristus dal svoje telo. Je nenahraditeľné.

Práve preto Boh používa najdôvernejší ľudský vzťah, manželstvo, na vysvetlenie toho, čo sa deje v cirkvi. Pri vyučovaní cirkvi v Efeze apoštol Pavol píše:

> Muži, milujte svoje ženy tak, ako aj Kristus miloval Cirkev a vydal za ňu samého seba, aby ju posvätil očistným kúpeľom vody a slovom; aby si pripravil Cirkev slávnu, na ktorej niet poškvrny ani vrások, ani nič podobné, aby bola svätá a bez poškvrny. (Ef 5:25 – 27)

V tomto oddiele nám Pavol pomáha pochopiť prostredníctvom známeho vzťahu, manželstva, tie veci v podstate cirkvi, ktoré nevidíme. Manželia milujú svoje ženy tak, že za ne kladú život.

Podobne Ježiš Kristus – jediný Boží Syn, splodený zo Svätého Ducha, narodený z panny Márie, ukrižovaný na rímsky rozkaz, vzkriesený na tretí deň – dal seba za cirkev. Svojou obeťou na kríži Ježiš odpustil všetkým, ktorí sa odvracajú od svojho hriechu a dôverujú mu. Môžeme byť svätí, lebo Ježiš vydal svoje telo. Tak, ako si vážite svoje telo a staráte sa oň, tak si Ježiš váži cirkev a stará sa o ňu (Ef 5:29).

Spomeňte si na toto hlboké tajomstvo, keď si dá staršia pani vedľa vás priveľa voňavky, keď chlapík pred vami tlieska mimo rytmu, keď vám kamarát na druhej strane uličky zabudne zagratulovať k narodeninám. Ešte ťažšie je myslieť naňho, keď ste sami doma, pretože v cirkvi nám práve tí zvláštni členovia pripomínajú, že k Bohu nikto nemôže prísť sám, prichádzame k nemu iba z čistej milosti. Nikto si nemôže kúpiť miesto pri jeho stole. Musíme mať pozvanie. Verte či nie, s vaším cirkevným zborom je to ešte zaujímavejšie. Apoštol Pavol vraví zboru v Korinte: „Vy ste Kristovo telo a jednotlivo ste údy" (1Kor 12:27). Áno, váš zbor je Kristovým telom. To platí pre bankára, ktorý je predsedom rady diakonov, aj pre zotavujúceho sa alkoholika, ktorý nevie ovplyvniť, ako vonia. To platí aj pre mladú ženu, ktorá vás pri dverách s úsmevom zdraví, aj pre pracovníčku v jasliach, ktorá nikdy nebola na rande. Ak sme urobili pokánie z hriechu a uverili dobrej správe o Ježišovej smrti a vzkriesení, všetci patríme Kristovi – a jeden druhému. Pavol vraví Rimanom: „Lebo ako v jednom tele máme mnoho údov, ale všetky údy nekonajú tú istú činnosť, tak sme mnohí jedno telo v Kristovi, ale jednotlivo sme si navzájom údmi" (Rim 12:4 – 5).

V Kristovi je vaša cirkev dokonalá – bez poškvrny či vrásky. To platí dokonca i počas pandémie a politických nepokojov. Prakticky to už viete – alebo nakoniec zistíte – že váš zbor sa skladá z členov, ktorí stále hrešia proti Bohu i voči sebe navzájom, napriek tomu, že ich posväcuje Duch. Ležia nám v žalúdku. Zabudnú prísť, keď majú službu strážiť deti. Hovoria urážlivé veci. Hriešne uprednostňujú jedných pred druhými. Tento zoznam by mohol pokračovať.

Keď vám však v tejto knihe pomáhame nanovo objaviť cirkev, musíte si pripomínať, čo nevidíte. Vraciate sa do cirkvi, lebo patríte Bohu, lebo Kristus dal svoje telo. Vďaka tomu, že Kristus za nás dal svoje telo, vytvoril telo veriacich z každého kmeňa, jazyka, ľudu i národa (Zj 5:9). V tomto tele nie je žiaden človek dôležitejší ako iný, pretože všetci tam patria jedine z milosti a jedine vierou. Neuprednostňujú sa bohatí, ani nezvýhodňujú dôležití (Jk 2:1 – 7). Keďže všetko dlžíme Kristovi, spoločne môžeme prežívať naše starosti, bolesti, či radosti: „A teda ak trpí jeden úd, spolu s ním trpia všetky údy; ak sa dostáva cti jednému údu, radujú sa s ním všetky údy" (1Kor 12:26). Patríte Kristovi a jeden druhému. Jedno telo, mnoho údov – vrátane vás. Máte veľa dôvodov neobjaviť cirkev nanovo, no je tu aj jeden dôvod, prečo musíte: pretože cez týchto ľudí, ktorých nemáte až tak veľmi radi, vám Boh chce prejaviť svoju lásku. Je to jediný druh lásky, ktorý nás vyťahuje zo seba samých a posiela do spoločenstva, ktorého sily presahujú tie, ktoré rozbíjajú náš chorý svet na kúsky. Je to jediný nevyhnutný spôsob, ako spolu nájsť uzdravenie.

Popri tom všetkom je váš cirkevný zbor miestom, kde je Kristus podľa vlastných slov prítomný špeciálnym spôsobom. Dokonca si dovolíme tvrdiť, že váš zbor a môj zbor je miestom, kde sa nebo dotýka zeme – kde začínajú odpovede na naše modlitby „príď kráľovstvo Tvoje, buď vôľa Tvoja ako v nebi, tak i na zemi."

1
Čo je cirkevný zbor?

Jonathan Leeman

Možno vás rodičia v detstve brávali do cirkvi. Mňa moji áno. Niektoré veci sa mi na tom páčili. Iné nie. Jedna z vecí, ktoré som miloval, bola hra na schovávačku v kostole s kamarátmi. Bola to členitá, nepravidelná budova s neočakávanými chodbami, dverami a schodiskami – výborná na schovávačku. Ak by ste sa ma spýtali: „Čo je cirkev?" asi by som ukázal na budovu.

Na strednej škole ma na cirkvi najviac zaujímali podujatia pre mladých v piatok večer s dobrými piesňami, vtipnými scénkami a krátkym duchovným zamyslením. Ak by ste sa ma však opýtali, či som zvažoval pripojenie sa ku skutočnej cirkvi, nebol by som vedel, čo na to povedať. Asi by som tú otázku radšej prepočul, lebo by som nechápal jej význam.

Na vysokej škole som cirkev prestal navštevovať. Stále som veril kresťanským pravdám, aspoň hlavou. Svet som však chcel viac než Ježiša. A tak som sa s nadšením naháňal za svetom. Prinajlepšom som bol nominálny kresťan – kresťan len podľa mena. Nazýval som Ježiša svojím Záchrancom, ale určite nebol mojím Pánom. „Veril" som, ale „nerobil som pokánie a neveril" tomu, k čomu nás Ježiš volá. Keby ste sa ma boli opýtali, čo je to cirkev, asi by som bol povedal: „Je to skupina hriešnikov, ktorí chcú nasledovať Ježiša, a preto tam nechcem byť." Je iróniou, že čím vzdialenejší som od cirkvi bol, tým lepšie som chápal, čím je.

A čo vy? Už ste sa niekedy zastavili a položili si otázku, čo je cirkev?

KÁZANIE A ĽUDIA

V Auguste 1966 som skončil vysokú školu a presťahoval som sa do Washingtonu, D. C., aby som si tam našiel prácu. Jeden môj známy-kresťan mi povedal o miestnom zbore v meste. S miernym pocitom viny za spôsob, akým som žil, ale hlavne pre túžbu po niečom hlbšom a zmysluplnejšom v živote, som sa rozhodol tam ísť. Z toho prvého nedeľného rána, keď som bol opäť v cirkvi, si nepamätám kázeň, ale pamätám si, že som tam šiel aj v ten večer na večernú bohoslužbu a taktiež v stredu večer na biblické štúdium. Ďalší týždeň som šiel na tie isté veci: v nedeľu ráno, v nedeľu večer a v stredu večer. Z človeka, ktorý do cirkvi nechodí, som sa zrazu stal človekom, ktorý tam chodí trikrát týždenne. Nikto ma nenútil. Niečo ma tam ťahalo.

Vlastne ma tam ťahal *niekto* – Svätý Duch – ktorý používal dve veci. Po prvé, používal kázanie kazateľa Marka. Nikdy som nič také nepočul. Mark kázal Bibliu verš po verši, kapitolu po kapitole, bez zahanbenia.

Napríklad, jednu nedeľu Mark kázal na jednu z kapitol, ktoré vedia ľudia len ťažko prijať. Bola zo starozmluvnej knihy Jozue. Boh prikázal Jozuovi vojsť do kanaánskeho mesta a zabiť každého muža a ženu, mladého a starého a taktiež dobytok, ovce a osly. Nahlas ten text prečítal, pozrel sa na nás a odmlčal sa.

Premýšľal som, *čo teraz povie? Ten text je šokujúci!*

Nakoniec kazateľ Mark prehovoril: „Ak ste kresťania, mali by ste vedieť, prečo je takýto text v Biblii."

Počkať, čo?

Najprv ma Markovo vyhlásenie nahnevalo. *Ja by som mal vedieť, prečo je v Biblii? Tak mi to teda povedzte, pán kazateľ!*

Avšak o chvíľku Markovo vyhlásenie začalo dávať zmysel. Verše ako tie, ktoré Mark prečítal, nám pripomínajú, že Boh nám nedlhuje vysvetlenia. My dlhujeme vysvetlenia jemu. Boh nie je obžalovaný. My sme obžalovaní. On je Stvoriteľ a Sudca. Iba on môže život dať a život brať.

Nepamätám si, čo potom kazateľ Mark rozprával. Chcem povedať to, že môj svet sa už stihol zmeniť. Skutočnosť sa preusporiadala. Hľadel som na svet trochu iným párom očí – ako to býva, keď človek s pribúdajúcim vekom získa nový pohľad na svet – ja som ho však získal okamžite. Nadobudol som toto presvedčenie: *Boh je Boh. Ja nie.*

Dobré kázanie takéto niečo robí každý týždeň. Verne odkrýva Bibliu a očiam vášho srdca kladie výzvy a pomáha vám vidieť svet z Božej perspektívy a nie svojej vlastnej. O kázaní budeme viac uvažovať v 4. kapitole. Avšak takéto kázanie nebolo tým jediným, čo Duch svätý použil, aby ma pritiahol do cirkevného zboru. Taktiež použil ľudí. Muž, ktorý sa volal Daniel, ma pozval, aby som sa každé sobotné ráno pridal k jeho rodine na raňajky a štúdium Izaiáša. Manželský pár, dôchodcovia Helena a Henrich, ma pozval na večeru. To isté urobil ďalší starší manželský pár, Pavol a Alica. Zbor ma prijal láskavo a vrelo. Vo Washingtone som mal niekoľko priateľov-nekresťanov z univerzity, ale čím ďalej, tým viac som chcel tráviť čas aj s týmito novými priateľmi zo zboru a chcel som pozvať aj mojich priateľov z univerzity, aby sa k nám pridali.

Toto zhromaždenie, to, čo milovali a to, čomu boli zaviazaní, mi ukázalo iný spôsob života. Predtým som žil, aby som slúžil sebe. Oni žili, aby slúžili Bohu a iným. Ja som svoje slová používal na kritizovanie alebo predvádzanie sa. Oni slová používali na povzbudzovanie. Ja som o Bohu hovoril, ako keby bol kapitolou z učebnice filozofie. Oni o Bohu hovorili, ako keby ho poznali. Ja som sa chcel tešiť z víkendového večierka. Oni sa chceli tešiť z Krista.

To zhromaždenie mi taktiež ukázalo iný druh mesta. Boli vo Washingtone, D. C., meste, ktoré žilo v novembri 1996 rozhovormi o blížiacich sa voľbách. Aj členovia zboru sa o tom radi rozprávali. Niektorí z nich dokonca na niekoľko dní odišli do domácich okrskov, aby sa pridali ku kampaniam svojich šéfov za miesta v Kongrese alebo Senáte. Títo ľudia sa však o politike rozprávali spôsobom, ktorý sa nestotožňoval s predstavami mesta – politika bola pre týchto ľudí dôležitá, no mesto chcelo, aby ju považovali za najdôležitejšiu. Členovia zboru mali o politiku záujem. Mesto však chcelo, aby politiku uctievali ako modlu.

To znamenalo, že v zbore panovala istá politická kultúra... pokojnejšia, nie zbesnená, prejavujúca rešpekt. Vďaka tomu, že sme našli zhodu v tých najdôležitejších veciach (v tom, čo je zdrojom večnej spravodlivosti), sme mohli navzájom (no láskavo) nesúhlasiť vo veciach, ktoré boli „len" dôležité – napríklad v tom, čo je najlepšia politická stratégia pre nastolenie spravodlivosti v dnešnej spoločnosti.

Tradičné rozdelenia na základe demografie taktiež nemalo zásadný význam. Bol som single dvadsiatnik. Postupom času som trávil stále viac večerov s manželskými pármi-sedemdesiatnikmi alebo s vdovou-osemdesiatničkou. Moje prvé vážne a hlboké priateľstvá s bratmi a sestrami z menšín vznikli v tom zbore.

Stručne povedané, zistil som, že Božie mesto poslúcha pokyny iného Šéfa, dokonca aj keď sa podieľa na niektorých občianskych a kultúrnych pochodoch v mestách tohto sveta.

Keby ste sa ma v tom období boli opýtali, čo je cirkev, nevedel by som vám dať dobre sformulovanú odpoveď. Ale tieto dve myšlienky, kázanie a ľudia – slovo evanjelia a spoločenstvo evanjelia – boli v mojom uvažovaní stále v popredí. Vždy som vedel, že cirkev prepája ľudí, ktorí sa stretávajú, aby ich formovalo Božie slovo. Týmto spôsobom spolu začínajú žiť ako iný typ ľudí – takí, ktorí žijú *vo* svete ale nie *zo* sveta.

PREČO NA SPRÁVNOM POROZUMENÍ ZÁLEŽÍ – ŽIVOT AKO V NEBI

Opäť sa vás opýtam. Čo je podľa vás cirkev?

Keď sa nad touto otázkou dobre nezamyslíme, riskujeme, že sa pripravíme o skvelé veci, ktoré nám chce Boh dať prostredníctvom svojej rodiny. Veď nakoniec vaše *porozumenie* pre to, čo je cirkev, bude formovať váš *život* a *spôsob, ako žijete.*

Zamyslite sa, napríklad, nad tým, ako dnes ľudia hovoria o „pridaní sa" k cirkevnému zboru, ako keby to bol klub. Povedia, že „tam idú autom", ako keby bola cirkev budovou. Často počujete, že sa im „tam páči", ako keby to bolo nejaké predstavenie. Čo presne nás ovplyvňuje, keď o cirkvi hovoríme takýmto spôsobom? A ako to ovplyvňuje náš prístup k našim zborom? Povedal by som, že vďaka všetkému, čo takto ovplyvňuje naše vnímanie zboru, sme náchylní venovať sa cirkvi maximálne hodinu a pol týždenne a viac sa ňou nezaoberať.

„Ale počkať," vraví nám Biblia, „cirkev je vlastne stretnutie a spoločenstvo Božej rodiny, Kristovho tela a chrámom Ducha." Ak teda budeme naďalej bez premýšľania brať naše zbory len ako kluby, budovy alebo predstavenia, prídeme o celý kamión podpory a požehnania, ktoré chce Boh zaparkovať pred našimi dvermi.

Cieľom tejto knihy je pomôcť vám nanovo objaviť cirkev – aby ste *rozumeli*, čo je cirkev, a aby ste potom ľahšie objavili bohatstvo *žitia* ako bratia a sestry v Božej rodine. Navyše môžete objaviť radosť zo *žitia* ako jednej časti Kristovho tela spojenej s inými časťami tela. Správne pochopenie cirkvi vám nakoniec pomôže objaviť silu *žitia* ako jedného z kameňov vo svätom chráme, kde teraz Boh prebýva na zemi. Chceme, aby ste zažívali všetky tieto výhody a požehnania, pre dobro vás samotných, aj pre dobro vašich priateľov a susedov nekresťanov.

Najdôležitejšie je, že vaši nekresťanskí priatelia nepotrebujú len vaše slová evanjelia, ale aj komunitu evanjelia, ktorá potvrdí pravdivosť vašich slov. Chcete, aby videli život vášho zboru a povedali „Boh naozaj mení ľudí. Naozaj buduje spravodlivé a zbožné mesto – tu v cirkvi" (pozri 1Kor 14:25; Heb 11:10).

Len sa nad tým zamyslite. Americkí politickí vodcovia už dlho nazývajú Ameriku „mestom na kopci". Pri znovunachádzaní cirkvi je potrebné nanovo pochopiť, že *naše cirkevné zbory* by mali byť takýmito mestami na kopci – či už žijeme v Spojených štátoch, alebo kdekoľvek inde vo svete. V čase kultúrnych a politických nepokojov potrebujeme túto pravdu pochopiť a prijať všetci – kresťania, ale aj nekresťania.

Nemôžeme očakávať, že dnes nebo zostúpi na zem cez nejakú krajinu. V skutočnosti však nezostúpilo na zem cez žiadnu krajinu, od kedy Boh spojil svoju prítomnosť s chrámom v starom Izraeli.

Je však pozoruhodné, ale aj ohromné a zarážajúce, že vaša cirkev (tá, ktorú túžime, aby ste nanovo objavili) je miestom, kde podľa Biblie začalo nebo zostupovať na zem.

- Božie kráľovstvo sa tu priblížilo (Mt 4).
- Božia vôľa sa deje na zemi ako v nebi (Mt 6).
- Tu si zhromažďujeme poklady v nebi (Mt 6).
- Tu zväzujeme a rozväzujeme na zemi, čo je zviazané a rozviazané v nebi (Mt 16, 18).
- Sme nebeský chrám (1Kor 3; 1Pt 2).

Obrazne povedané, nebo pristáva na planétu Zem cez zhromaždené cirkvi. Keď sa to deje, občanom svojej krajiny ponúkate nádej na lepšiu krajinu, obyvateľom vášho mesta nádej na lepšie a trvalé mesto. Bez ohľadu na problémy, ktoré máte ako Američan alebo Neameričan, etnická menšina alebo väčšina, bohatý alebo chudobný, vaša nádej na spravodlivú a pokojnú spoločnosť by nemala spočívať v kráľovstvách tohto sveta. Mala by spočívať na samom Kráľovi, ktorý svoje nebeské kráľovstvo buduje na vysunutých miestach, ktoré voláme miestne cirkevné zbory.

ČO JE CIRKEVNÝ ZBOR?

Čo je cirkevný zbor? Biblia používa ako odpoveď na túto otázku rôzne metafory: Božia rodina a domácnosť, Kristovo telo, chrám Ducha, pilier a základ pravdy, Kristova nevesta, Kristovo stádo a ďalšie. Každá z týchto metafor nám o vašom i našom zbore hovorí niečo úžasné. Potrebujeme všetky tieto metafory, pretože neexistuje žiadna iná organizácia, spoločnosť alebo národ, ako je cirkev. Niekoľkým sme sa venovali v úvode a budeme sa k nim ďalej v knihe vracať.

Tu je však teologická definícia, ktorú vo zvyšku knihy rozoberáme:

> Cirkevný zbor je skupina kresťanov (2. kapitola),
>
> ktorí sa stretávajú ako pozemské veľvyslanectvo Kristovho nebeského kráľovstva (3. kapitola),
>
> aby ohlasovali dobrú správu o Kráľovi Kristovi a Jeho prikázania (4. kapitola),
>
> aby si navzájom potvrdzovali členstvo v ňom cez sviatosti (5. kapitola)
>
> a ukazovali svätosť a lásku samého Boha (6. kapitola)
>
> cez zjednotený a rôznorodý ľud (7. kapitola)
>
> v celom svete (8. kapitola)
>
> pri nasledovaní vyučovania a príkladu starších (9. kapitola).

KONEČNE ČLENOM

Pár mesiacov po tom, čo som prišiel do Washingtonu, D. C., ma jeden priateľ pozval, aby som sa pridal k zboru. Vlastne ma pozval, aby som sa presťahoval do zborového domu pre mužov, avšak bývať tam smeli len členovia zboru. Bol to pekný dom v radovej zástavbe na Capitol Hill, v atraktívnom susedstve – a nájom bol lacný. „Iste, k zboru sa pridám. Povedz mi, ako sa zaregistrujem," odpovedal som.

Čo som zamýšľal urobiť kvôli finančnému prospechu, Boh zamýšľal urobiť pre moje dobro.

Zbor odo mňa chcel, aby som absolvoval niekoľko členských prípravných hodín a rozhovor s kazateľom Markom pred tým, než sa k nemu pridám. Keďže som v cirkvi vyrástol, poznal som správne odpovede. V novembri 1996 zhromaždenie odhlasovalo moje prijatie za člena.

Keby ste sa ma vtedy boli opýtali, čo je cirkev, asi by bola moja odpoveď vágna a veľmi všeobecná. Pamätám si však, ako som raz odchádzal od kazateľa Marka. Bol som uňho na obed a dosť som ho potrápil otázkami, prečo náš zbor trval na tom, že bude „baptistický". Práve do takýchto otázok sa moje dvadsaťtriročné ja púšťalo.

Popravde, prvý rok som bol jednou nohou dnu, druhou von. V sobotu večer som si užíval s nekresťanskými kamarátmi. V nedeľu ráno som šiel do cirkvi. Bolo to ako pokúšať sa stáť na dvoch koňoch naraz. Viete, že to nemôže trvať navždy.

Pán bol však milostivý. Kúsok po kúsku menil moje túžby a ja som postupne začal stáť len na jednom koni. Začal som robiť pokánie a pozerať sa na Ježiša ako Spasiteľa *aj* Pána. Biblia ma začala zaujímať. Kresťanských priateľov som si začal vážiť. Hriech mi čím ďalej, tým viac pripadal hlúpy, dokonca opovrhnutiahodný.

K môjmu pokániu patrilo opustenie hriechov mojej mladosti – takých, pred akými varujú mládežnícki kazatelia.

Avšak biblické pokánie v sebe zahŕňa aj život v spoločenstve. V mojom prípade to znamenalo opustenie života, ktorý som žil ako nezapojený, autonómny jednotlivec. Znamenalo to pripojiť sa k rodine a preberať za ňu zodpovednosť. Znamenalo to pozvať iných kresťanov do môjho života a viesť zahanbujúce rozhovory, ku ktorým patrilo vyznávanie hriechov a priznávanie si slabostí. Znamenalo to hľadanie starších mužov, ktorí by ma učenícky viedli, a mladších mužov, ktorých by som viedol ja. Viedlo ma to k preukazovaniu pohostinnosti ľuďom, ktorí boli v cirkvi noví alebo núdzni. Trénovalo ma to radovať sa alebo trpieť s tými, ktorí sa radovali alebo trpeli.

Inak povedané, k pokániu vždy patrí láska. Ježiš povedal: „Nové prikázanie vám dávam, aby ste sa navzájom milovali; ako som ja miloval vás, aby ste sa aj vy navzájom milovali. Podľa toho všetci spoznajú, že ste moji učeníci, ak budete mať lásku jeden k druhému" (Jn 13:34 – 35).

Všimnite si, že Ježiš nehovorí, že nekresťania spoznajú, že sme jeho učeníkmi, podľa našej lásky k nim, hoci aj to je pravda. Hovorí, že to spoznajú podľa našej *lásky jedného k druhému*. Zaujímavé, nie? Ako je to možné?

No, pozrime sa znova na to, aký druh lásky to je: „Ako som ja miloval vás..." Ako nás Ježiš miloval? Miloval nás láskou, ktorá vzala náš hriech, obetovala sa a dala nám milosť.

„No Boh dokazuje svoju lásku k nám tým, že Kristus zomrel za nás, keď sme boli ešte hriešni" (Rim 5:8).

Čo je teda cirkev? Je to skupina ľudí, ktorých miloval Kristus, a ktorí sa tiež začali navzájom milovať. Takto aj mňa, dvadsaťtriročného, na dvoch koňoch stojaceho muža, miloval kazateľ Mark a Daniel a Helena a Henrich a Pavol a Alica.

Vlastne, takto aj naši spolučlenovia v zbore milujú Collina a mňa dnes – odpúšťajúcou, znášajúcou a trpezlivou láskou. Takto sa snažíme milovať aj my ich.

Je to láska, o ktorej by neveriaci vo svete od nás mali nielen počuť, ale taktiež by ju mali vidieť v našich spoločných životoch. Láska, ktorá ich privedie až k slovám: „Aj my z nej chceme! Môžeme sa pridať?"

Na čo by sme im povedali: „Priateľu, najskôr ti povieme o tom, odkiaľ tá láska pochádza."

ODPORÚČANÉ ČÍTANIE

Dever, Mark. *The Church: The Gospel Made Visible*. Wheaton, IL: Crossway, 2012.

Hill, Megan. *A Place to Belong: Learning to Love the Local Church*. Wheaton, IL: Crossway, 2020.

2
Kto môže patriť do cirkevného zboru?

Collin Hansen

> **Cirkevný zbor je skupina kresťanov,**
>
> ktorí sa stretávajú ako pozemské veľvyslanectvo
> Kristovho nebeského kráľovstva,
>
> aby ohlasovali dobrú správu o Kráľovi Kristovi
> a Jeho prikázania,
>
> aby si navzájom potvrdzovali členstvo v ňom cez sviatosti
>
> a ukazovali svätosť a lásku samého Boha
>
> cez zjednotený a rôznorodý ľud
>
> v celom svete
>
> pri nasledovaní vyučovania a príkladu starších.

Keď som vyrastal, moja rodina občas chodila do cirkvi. Nie však každý mesiac. Nebola to obzvlášť výnimočná súčasť nášho života. Keď sme tam šli, mal som pocit, že nás všetci ostatní odsudzujú a potichu sa pýtajú, kde sme boli minulý týždeň (alebo viacero týždňov). Možno to robili, no s najväčšou pravdepodobnosťou nie. Väčšina ostatných tam tiež nechodila každý týždeň. Kým som s rodinou sedel vzadu, mal som hlavu plnú otázok o evolúcii a dinosauroch. Dospel som k záveru, že keď nastúpi moja generácia, opustíme cirkev ako hlúpy klam pre staršie generácie.

Viete si predstaviť moje prekvapenie, keď som začal pozorovať, ako sa iní tínedžeri nadchýnajú pre Ježiša a cirkev. Myslel som si, že to nie je možné. Myslel som si, že by človek musel byť čudákom, akýmsi vyvrheľom, aby sa cítil v cirkvi dobre. Títo tínedžeri však vyzerali šťastne – no ja nie. Zdalo sa, že majú na rozdiel odo mňa cieľ a nádej. Bol som aspoň ochotný ísť s nimi na zborový tábor. Stále som však mal problém pochopiť, čo dokázalo v tínedžeroch vyvolať toľko radosti.

Jedného dňa počas tábora som ten dôvod naplno pochopil. Bez viery v Ježiša sme za náš hriech odsúdení, oddelení od Boha. Avšak cez Ježišovu obeť – jeho smrť na kríži – môžeme dostať odpustenie hriechov, keď sa od nich odvrátime a budeme sa z nich kajať. Keďže Ježiš vstal z mŕtvych, môžeme mať večný pokoj a spoločenstvo s Bohom, ktorý je trojjediný: Otec, Syn a Svätý Duch.

Neviem, či som tú zvesť predtým v cirkvi počul. Ak áno, nezasiahla ma tak, ako na tom tábore. Už nikdy som nebol ako predtým. Obrátil som sa. Moja rodina a priatelia si okamžite tú zmenu všimli – bol som šťastný, slobodný a plný nádeje. Po mojej skúsenosti mnohí z nich tiež uverili.

Neskôr som bol pokrstený a pridal som sa k cirkvi. Potom už dávalo zmysel, prečo som mal na cirkev taký negatívny pohľad, keď som vyrastal – bolo to preto, lebo som ešte nebol obrátený. Moja rodina očakávala poslušné chodenie do cirkvi, ale nie zapojenie sa do nej z celého srdca. Musel som cirkev nanovo objaviť, rovnako, ako si odpovedať na otázku, kto do cirkvi môže patriť a ako sa dá získať oprávnenie pridať sa k nej.

Kto sa teda môže pridať do cirkevného zboru? Pokrstení kresťania. Ľudia, ktorí sa znova narodili a potom sa krstom identifikujú ako veriaci. Pripúšťam, že naši priatelia, ktorí krstia deti, by povedali, že aj deti veriacich sa môžu k cirkvi pridať, keď boli pokrstení ako nemluvňatá (ako členovia, ktorí sa nezúčastňujú Večere Pánovej). Všetci však súhlasia s tým, že ak je niekto dospelý, musí sa znovu narodiť a dať sa pokrstiť, aby sa mohol pridať do cirkevného zboru. O krste budeme hovoriť neskôr v 5. kapitole. Tu sa zamyslíme nad obrátením a nad tým, prečo je nevyhnutné pre znovu objavenie cirkvi.

VYRUŠENIE CEZ SVIATKY

Predpokladám, že tí z nás, ktorí chodia do toho istého zboru dlhší čas, nevedia, ako zvláštne sa tam musí cítiť niekto, kto je tam po prvýkrát. Ak o zbore nič neviete, už len vstúpiť do jeho dverí chce odvahu. Kam máte ísť? Čo máte povedať? Smiete vôbec vstúpiť? Chce alebo očakáva vás tu niekto? Čo máte mať oblečené? A akoby to nestačilo, COVID-19 pridal otázky o tom, či sa stretnutie bude konať online alebo fyzicky, vonku alebo vnútri, s rúškami alebo bez nich – nehovoriac o potrebe byť zaočkovaný.

Pre niekoho, kto je v cirkvi nový, znie terminológia cudzo. Kde ste mimo cirkvi počuli slovo *požehnanie?* Kde inde sa sedí v laviciach? Hudba je vám neznáma. Dnes počujete organovú hudbu len v kostole alebo na koncerte. Keď spievame v cirkvi tie isté piesne ako pred tridsiatimi rokmi, nazývame ich „súčasná kresťanská hudba". V rádiu ich volajú „staré hity". Niekedy to tam dokonca i špecificky vonia. Vôňu stuchnutého koberca, lacnej kávy, laku na vlasy a zahasených sviečok by sme mohli dať do fľaše a predávať s označením „nostalgia".

Ak dostanete nejaké prijateľné odpovede na svoje otázky o cirkvi, pogratulujem vám! Na druhej strane však zistíte, že odpovede sa líšia v závislosti od konkrétneho zboru. Aký je rozdiel medzi baptistami, rímskymi katolíkmi, metodistami, presbyteriánmi a anglikánmi? Pričom baptistický zbor v USA asi nebude vyzerať, voňať a pôsobiť tak ako baptistický zbor v Ugande.

Raz som kázal v letničnom zbore v Taliansku. Pripravil som si kázeň len polovičnej dĺžky z mojich zvyčajných tridsiatich minút, keďže som vedel, že ma budú prekladať. Keď som skončil, nikto sa ani nepohol. Došlo mi, že som sa zabudol opýtať, aké dlhé zvyčajne bývajú ich kázne. Až neskôr som si uvedomil, že odo mňa čakali, že budem vyučovať hodinu. Museli sa cítiť podvedení. Jednotlivé zvyky sa líšia od zboru k zboru, od tradície k tradícii, od storočia k storočiu.

Návšteva zboru môže vyzerať ako narušenie dovolenky inej rodiny. Predstavte si, že sa rozhodnete zaklopať na niečie dvere približne v čase štedrovečernej večere. Všetci ľudia sa tam poznajú a majú sa radi (aspoň tak cez Vianoce vyzerajú). Vy ste tam však cudzí. Predstavte si, že vás naozaj pozvú pridať sa k oslave. Vďaka populárnej kultúre máte aspoň všeobecnú predstavu o tom, čo máte očakávať. Bude tam jedlo a darčeky. Aké jedlo však budú jesť závisí od rodinnej tradície, ktorá sa za tie generácie stala samozrejmou. Ako a komu dávajú darčeky podobne závisí od spôsobu, ktorý je ostro definovaný strážcami rodinných tradícií. Ak urobíte chybný krok, všetkým pokazíte tento dôverný zážitok.

Taký pocit môžete mať z návštevy zboru, napriek tomu, že by bol zbor veľmi rád, keby ste prišli a pridali sa k nemu. Už sme cirkev prirovnali k duchovnej rodine. Čo to znamená? Na to, aby sa človek stal súčasťou rodiny, musí sa do nej buď narodiť, alebo byť adoptovaný. Biblia vlastne používa oba obrazy na opis toho, čo sa nazýva obrátenie, ktorým sa stávate súčasťou tejto duchovnej rodiny – cirkvi. Rovnako, ako sa nemôžete rozhodnúť, či sa chcete narodiť, alebo byť adoptovaný, taktiež sa nemôžete rozhodnúť o tom, či chcete byť obrátený.

Poďme teda preskúmať, čo Biblia učí o duchovnom narodení sa a adopcii, ktoré sú nevyhnutné na to, aby ste sa mohli pridať k cirkvi.

MUSÍTE SA ZNOVA NARODIŤ

Ak vás mätie myšlienka duchovného narodenia sa, nie ste prvý. Duchovné narodenie vlastne zmiatlo jedného z prvých Ježišových nasledovníkov a viedlo k jednému z najznámejších rozhovorov v Novej zmluve. Ten nasledovník sa volal Nikodém a dočítate sa o ňom v 3. kapitole evanjelia podľa Jána. Patril k farizejom, skupine, ktorá obzvlášť dôrazne dodržiavala židovský zákon a ktorá sa často dostávala s Ježišom do sporov kvôli výkladu zákona. Nikodém nemohol prísť za Ježišom za bieleho dňa, pretože sa bál, aby ho nevideli s nepriateľom. Na druhej strane však nemohol poprieť, čo u Ježiša videl. Bolo očividné, že Ježiš nemohol robiť zázraky, ako bola zmena vody na víno na svadbe v Káne, ak neprišiel od Boha. Nikodém však ešte ani nevyslovil otázku, keď Ježiš zahlásil túto šokujúcu vec: „Amen, amen, hovorím ti: Ak sa niekto nenarodí znova, nemôže uzrieť Božie kráľovstvo" (Jn 3:3).

Čože? Nikodém položil očividnú dopĺňajúcu otázku: Ako sa to dá? Veď keď raz opustíte matku, už späť nevleziete. Ježiš mu však svojou odpoveďou veľmi nepomohol: „Amen, amen, hovorím ti: Ak sa niekto nenarodí z vody a z Ducha, nemôže vojsť do Božieho kráľovstva" (Jn 3:5).

Toto je kľúč k našej otázke v tejto kapitole. Kto môže navštíviť bohoslužby v kostole? Odpoveď je: Každý! Kto môže patriť do duchovnej rodiny, ktorá sa nazýva cirkev? Iba tí, ktorí vošli do Božieho kráľovstva. Iba tí, ktorí sa narodili z vody a Ducha, vraví Ježiš. Teda tí, ktorí sa znova narodili a boli pokrstení. Ako sa to deje? Ježiš to vysvetlil zmätenému Nikodémovi takto: „Veď Boh tak miloval svet, že dal svojho jednorodeného Syna, aby nik, kto verí v neho, nezahynul, ale mal večný život" (Jn 3:16).

Nikodém očakával, že do Božieho kráľovstva sa dá vojsť, iba keď budete dodržiavať Boží zákon a jeho rozsiahle predpisy o práci a odpočinku, čistých a nečistých jedlách a rôznych zvieracích obetách. Ježiš zákon zhrnul revolučne a jednoducho: ver vo Mňa a Ja za teba dám život.

Ježiš potom vysvetľoval, že jeho smrť na kríži, ktorá mala prísť, a ktorá vyzerala ako jeho porážka, bola vlastne Božím plánom, ako učiniť spravodlivosti zadosť a odpustiť hriech. Dokázal to jeho vzkriesením z mŕtvych. Všetci, ktorí uveria Ježišovi, ho po smrti budú nasledovať do neba. Keď tento svet skončí, ich telá budú vzkriesené a oni budú žiť večne pod Ježišovou vládou v Božom kráľovstve. Všetci, ktorí veria v Ježiša, budú zachránení pred Božím súdom za hriech. Tí však, ktorí ho odmietajú, budú znášať večný trest za neposlušnosť (Jn 3:36).

Neskôr to apoštol Pavol sformuloval nasledovne: „Pretože ak svojimi ústami vyznáš Ježiša ako Pána a vo svojom srdci uveríš, že Boh ho vzkriesil z mŕtvych, budeš spasený" (Rim 10:9).

Keď sme sa narodili prvýkrát, zdedili sme hriech od našich rodičov, siahajúci až k pôvodnej vzbure Adama a Evy (Gn 3). Preto sa musíme narodiť znova, aby sme nezomreli bez nádeje. Potrebujeme byť zachránení od dôsledkov hriechu, ktorými sú večná smrť a oddelenie od nášho Boha Stvoriteľa. Rovnako však, ako sme neprosili, aby sme sa narodili prvýkrát, iba náš Stvoriteľ môže spôsobiť, že sa narodíme znova. „Požehnaný Boh a Otec nášho Pána Ježiša Krista, ktorý nás podľa svojho veľkého milosrdenstva vzkriesením Ježiša Krista z mŕtvych znovuzrodil pre živú nádej" (1Pt 1:3).

Viera, ktorou veríme v Ježiša, je teda Boží dar (Ef 2:8). Je to dar, ktorý Boh s radosťou dáva tým, ktorí oň prosia. Je pre všetkých, ktorí robia pokánie alebo sa odvracajú od svojho hriechu a celú svoju vieru vložia do Ježiša Krista a ničoho a nikoho iného. Keď apoštoli videli, ako tento dar pokánia dostali pohania a nie iba Židia, oslavovali Boha (Sk 11:18). Nasledovať Boha znamená zanechať všetkých ostatných. Keď sa znovu narodíme, patríme úplne jemu. Nanovo objaviť cirkev znamená uvedomiť si alebo spomenúť si, prečo sa vlastne stretávame. Stretávame sa, aby sme uctievali Boha - Otca, Syna a Svätého Ducha - ktorý nás zachránil od hriechu a smrti. To spievame. To vyučujeme. To si pripomíname pri krste a Večeri Pánovej. Bez obrátenia, bez nového narodenia niet žiadnej cirkvi, ktorú by sme mohli nanovo objaviť. Ak Ježiš nezomrel za naše hriechy a nebol vzkriesený na tretí deň, v cirkvi niet o nič viac nádeje ako mimo nej.

ADOPTOVANÍ AKO SYNOVIA A DCÉRY

Raz dávno som sa s mojimi blízkymi rozprával o cirkvi. Vedeli, že mám za sebou silnú skúsenosť obrátenia, ktorá nastala, keď som mal pätnásť rokov. Keď som sa znovu narodil, všetko sa zmenilo. Začal som spoznávať Boha v Biblii a modlitbe. S radosťou som spieval jemu a o ňom. Chcel som, aby sa všetci moji priatelia dozvedeli, ako sa môžu znovu narodiť. Niektorí z týchto mojich milovaných tomu však nerozumeli, aj keď sa o to pokúšali. Chceli ma však pochopiť. Preto mi vždy spomenuli ich návštevu cirkvi. Vedel som, že cirkev pre nich nič neznamená a že mi len chceli urobiť radosť. Preto som im povedal, aby prestali chodiť do cirkvi. Konečne nápad, ktorý sa im páčil! Našli si iné spôsoby, ako tráviť nedeľné rána. Ja som len chcel, aby chápali, že chodenie do cirkvi samo o sebe nemá žiadnu hodnotu, ak neveríte tomu, čo spievate, počúvate alebo vravíte.

Nie som si istý, či by som ako evanjelizačnú stratégiu odporučil „prestať chodiť do cirkvi". V tomto prípade však bola nevyhnutná, pretože moji blízki chodili do cirkvi, v ktorej nehovorili o obrátení dostatočne jasne. Nakoniec sa stretli s iným kazateľom, ktorý ich vyzval k viere v Ježiša a novému narodeniu. Do tejto cirkvi aj začali chodiť a nakoniec sa tam dali aj pokrstiť. Dnes to bude už dvadsať rokov, čo patria do danej duchovnej rodiny.

Obrátenie môže nastať v cirkvi aj mimo nej. Môže to byť zážitok len vás samých, alebo to môže byť niečo, čo sa udeje v skupine vašich priateľov. Vždy by však malo mať za následok vaše spojenie sa s konkrétnym cirkevným zborom. Keď Biblia opisuje naše obrátenie sa ako adopciu, vidíme tam tento rozmer spoločenstva. V Liste Galaťanom 4:4 - 5 čítame: „Ale keď prišla plnosť času, Boh poslal svojho Syna narodeného zo ženy, narodeného pod Zákonom, aby vykúpil tých, čo sú pod Zákonom, a aby sme dostali synovstvo." Slovo

„synovia" hovorí o privilegovanej pozícii dedičov v starovekom svete. Tento sľub však platí pre všetkých mužov a ženy, ktorí veria v Ježiša. Keď vás Boh adoptuje, keď vám dáva dar viery v jeho Syna, víta vás do duchovnej rodiny bratov a sestier, teda do cirkvi.

Skúste o tom uvažovať takto. Pri adopcii dieťa dostáva nových rodičov. Dostáva však aj nových súrodencov. Keď sa stáva synom, taktiež sa stáva bratom. To sú dva nové, ale rozdielne vzťahy. Keď sa stávate synom, získavate miesto na rodinnej fotke vedľa vašich súrodencov. To sa deje pri obrátení. Váš otec vás umiestňuje na rodinnú fotku k vašim novým príbuzným.

Pozrime sa bližšie na túto fotku. Boh je Otec, ktorý nás „predurčil, aby sme dostali synovstvo" (Ef 1:5). Pred začiatkom času zhromaždil celú túto rodinu zo všetkých miest a dôb. Boh je Syn, náš starší brat, ktorého poslal Otec zachrániť nás z otroctva hriechu a smrti, aby sme sa mohli pridať k jeho rodine (Rim 8:15; Gal 4:4). Boh je Duch, ktorý „dosvedčuje nášmu duchu, že sme Božie deti." (Rim 8:16). Takže pri adopcii je tá rodinná fotka prastarým záberom. Tri osoby – Otec, Syn a Svätý Duch – pracujú v dokonalej harmónii pre naše dobro.

Kde sme však na tej fotke my? Ako synovia a dcéry sme spolu s Kristom dedičmi (Rim 8:17; Gal 4:7). To znamená, že sme spoludediči (Ef 1:11, 14).

Čo k tomu patrí? Apoštol Pavol nám v Liste Kolosanom 1:16 hovorí, že „všetko je stvorené skrze neho a pre neho." Možno bola vaša prateta štedrá, ale na toto dedičstvo nemá.

Rodiny spolu niekedy nevychádzajú. Vzájomné putá rodinných príslušníkov im však pomáhajú aj napriek sporom vytrvať. Spoločná krv víťazí. To isté platí o cirkvi. Keďže sme boli vierou a pokáním zmierení s Bohom, boli sme zmierení aj navzájom. Kristova krv zvíťazila v ranej cirkvi nad rozdielmi medzi pohanmi a Židmi. Problémy v dnešných zboroch sú v porovnaní s nimi veľmi nevýrazné. Pozrite sa však na zázrak, ktorý spôsobilo obrátenie, keď evanjeliu uverili spolu Žida aj pohania:

A tak teda už nie ste cudzinci a prisťahovalci, ale ste spoluobčania svätých a členovia Božej rodiny. Ste vybudovaní na základe apoštolov a prorokov, pričom uholným kameňom je Ježiš Kristus. V ňom celá stavba pevne pospájaná rastie vo svätý chrám v Pánovi; v ňom ste aj vy spoločne budovaní na Boží príbytok v Duchu. (Ef 2:19 – 22)

Keď sa cirkev spolu raduje z obrátenia, veriaci získavajú správny pohľad na to, čo ich stále oddeľuje. Svätý Boží chrám sa nedá tak ľahko zbúrať.

ODDELENIE

Jednou z najlepších zodpovedností, z ktorej sa ako starší vo svojom zbore teším, sú rozhovory s novými členmi. Za posledných približne päť rokov som spolu s ďalšími staršími prijal do zboru vyše tisíc nových členov. To znamená, že som počul veľa príbehov o obrátení. Nestretávam sa s ľuďmi preto, aby som vypočúval tých, ktorí majú záujem o členstvo, ale len aby som sa uistil, že majú za sebou obrátenie, ktoré sme opísali v tejto kapitole. Chcem, aby ho vedeli vysvetliť aj niekomu inému, kto by sa chcel stať kresťanom.

Príbeh každého človeka je jedinečný v tom, akú úlohu v ňom zohráva rodina, cirkev a mládežnícka práca. Niektorí hrešili obzvlášť zlým spôsobom. Väčšina nie. Málokedy sa stretávam s niekým, kto sa nevzdialil od cirkvi ani na krátky čas. Viera jednotlivcov väčšinou nevyzerá tak ako v domácnostiach, v ktorých vyrastali. Veľmi rád počúvam tieto eklektické príbehy o Božej adopcii a o tom, ako sa ľudia znova narodili. Nikdy sa mi to nezunuje.

Občas sa stretnem s niekým, kto chce byť súčasťou nášho zboru, ale očividne sa znovu nenarodil. Niekedy ho požiadam, aby vysvetlil dobrú správu o Ježišovi a výsledok je asi taký, ako keby som chcel od svojho šesťročného syna počuť vysvetlenie Einsteinovej teórie relativity. Stretávam sa len s prázdnym pohľadom. Často počúvam príbehy o cirkvi, morálke a skúškach, ale nič konkrétne o hriechu a Ježišovej zachraňujúcej milosti. Žiadny prechod zo smrti do života, od súdu k vzkrieseniu.

Tam, kde bývam, je dosť bežné, že zbory majú neobrátených členov. Zdá sa, že mnohé nechápu, prečo je to problém. Biblia však predstavuje obrátenie ako premenu, ktorá oddeľuje Boží ľud od sveta. Je to skúsenosť, ktorá mení ľudskú večnosť. Toto novozmluvní autori niekedy označovali ako „nová zmluva"[1]. Prorok Jeremiáš hovoriaci v Božom mene sľúbil Izraelu: „Svoj zákon vložím do ich vnútra a vpíšem ho do ich srdca. Budem im Bohom a oni budú mojím ľudom" (Jer 31:33). O trocha neskôr písal prorok Ezechiel, ktorý

---

[1] „nová zmluva" tu znamená nový záväzný vzťah Boha a jeho ľudu, nie súhrnná časť Biblie „Nová zmluva," pozn. prekl.

tiež hovoril v Božom mene. Očakával to, čo Ježiš neskôr povedal Nikodémovi: „Dám vám nové srdce a nového ducha do vášho vnútra; odstránim kamenné srdce z vášho tela a dám vám srdce z mäsa. Dám svojho ducha do vášho vnútra a spôsobím, aby ste chodili podľa mojich ustanovení, zachovávali a plnili moje nariadenia" (Ez 36:26 – 27).

Takéto oddiely nepredstavujú cirkev ako miesto, kde sa ľudia len *akosi* snažia byť dobrými a pomáhať si, keď im to vyhovuje. Nie, nová zmluva preniká až do našich sŕdc. Spôsobuje zásadnú zmenu. Spôsobuje, že sa odvraciame od starého života a obraciame sa k Ježišovi. Poskytuje moc Ducha poslúchať zákon vpísaný do našich sŕdc.

V cirkvi nikdy nebudeme schopný poznať skutočný duchovný stav jednotlivých členov – čomu veria v hĺbke svojho srdca. Ani tento fakt však nemení biblický zámer s tým, ako vyzerajú naše zbory – aký cieľ má naša cirkev a ako by mal podľa toho vyzerať jej život. Ak ste sa znovu narodili, ak ste robili pokánie zo svojich hriechov a uverili v Ježiša, môžete patriť k cirkvi. Nemusíte už na seba vziať zodpovednosť bez toho, aby ste rozumeli jej významu. Ani už nemusíte pri vykonávaní svojich povinností snívať s mojím mladším ja o budúcnosti bez cirkvi. Keď sa obrátite, musíte uctievať, neviete inak. Tešíte sa na stretnutia a uctievanie s inými veriacimi v Ježiša.

A keď sme už pri stretnutiach...

ODPORÚČANÉ ČÍTANIE

Keller, Timothy. *Prodigal God: Recovering the Heart of the Christian Faith.* New York: Viking, 2008.

Lawrence, Michael. *Obrátenie: Ako Boh vytvára nový ľud.* Bratislava: Porta libri, 2022.

3
Naozaj sa potrebujeme stretávať?

Jonathan Leeman

Cirkevný zbor je skupina kresťanov,

**ktorí sa stretávajú ako pozemské veľvyslanectvo
Kristovho nebeského kráľovstva,**

aby ohlasovali dobrú správu o Kráľovi Kristovi
a Jeho prikázania,

aby si navzájom potvrdzovali členstvo v ňom cez sviatosti

a ukazovali svätosť a lásku samého Boha

cez zjednotený a rôznorodý ľud

v celom svete

pri nasledovaní vyučovania a príkladu starších.

Po celom svete počúvame stále viac správ o politických protestoch. Keď sa tisícky občanov stretnú a pochodujú za politické kauzy, verejnosť spozornie. Ukážu sa reportéri. Zapnú sa televízne kamery. Politici poskytujú rozhovory. Ľudia sú doma prilepení na telefóny a klikajú na odkaz za odkazom. Potom, čo prejde niekoľko týždňov, legislatíva môže prijať nové zákony. Vládna agentúra môže zaviesť nové opatrenia. Vedomie národa sa nakoniec môže zmeniť – aj keď len trochu.

Skupiny ľudí nie sú silné kvôli tomu, čo sa deje, keď sa stretávajú, ale kvôli tomu, čím sa skupina v tých momentoch *stáva*. Ľudia v skupine sa môžu zmeniť na hnutie. Na silu. Začiatok zmeny vo svete – k lepšiemu či horšiemu. Celok je viac než len súčet jeho častí.

Nie je prekvapujúce, že akademici píšu knihy o psychológii davu. Ľudia v sebe skrývajú túžby, ale aj starosti. Charizmatický rečník tieto túžby a starosti uzná. Ľudia sa poobzerajú a vidia prikyvujúce hlavy. Počujú súhlasné zvolania. Jednotlivci zistia, že nie sú sami. Ich túžby rastú. Možno sa dokonca nechajú zmobilizovať k činom – budovať alebo búrať.

Čo spôsobuje, že takéto stretnutia na nás pôsobia tak výrazne? Skutočnosť, že ste fyzicky *tam*. Vidíte to. Cítite to. Na rozdiel od sledovania niečoho na obrazovke, pri čom ste od toho fyzicky vzdialený, stretnutie vás doslova obklopuje. Definuje celú vašu skutočnosť. Boh nás stvoril ako dušu a telo a nejako, záhadne, obe spája. To, čo potom vplýva na telo, vplýva na dušu. Pri stretnutí zakúšame, čo iní ľudia milujú, nenávidia, čoho sa boja a čomu veria, a naše vnímanie toho, *čo je normálne* a *čo je správne* sa môže pomerne rýchlo zmeniť. Láska, nenávisť, obavy a presvedčenia davu môžeme rýchlo prijať za svoje. Nie je to nič prekvapujúce. Boh nás stvoril ako bytosti „na obraz" (pozri Gn 1:26 – 28). Stvoril nás, aby sme boli obrazom jeho vlastnej spravodlivosti, ale my sme sa rozhodli byť obrazom iných vecí. Takto vznikajú kultúry. Stávame sa obrazmi, napodobňujeme alebo kopírujeme ľudí okolo seba, dobrým aj zlým spôsobom. Stretnutia tento proces len urýchľujú.

Stretnutia však nie sú silné len pre ľudí, ktorí sa na nich zúčastňujú. Ovplyvňujú aj ľudí zvonku. Možno ste už niekedy šli cez park, videli dav a otočili hlavu k davu. *Čo sa deje?* zamysleli ste sa. Tak ste prišli k davu zozadu a nazreli ste tam. Prečo? Pretože ste chceli vedieť, či sa nedeje niečo, čo nechcete zmeškať – niečo dôležité alebo vzrušujúce.

Alebo vezmete do ruky smartfón a čítate oznámenia o nejakom zhromaždení. Pomyslíte si: *Vau, toto vyzerá ako niečo dôležité.* A kliknete na odkaz.

Stretnutia menia životy, menia kultúry a menia svet. Sú silné.

ZBORY SA ZHROMAŽĎUJÚ A STÁVAJÚ SA Z NICH ZHROMAŽDENIA

Rovnako ako politické protesty, aj zhromaždenia cirkvi formujú ľudí. Formujú každého z nás jednotlivo, no formujú nás aj kolektívne a vytvárajú kultúru, silu alebo hnutie. Tvoria z nás Božie mesto. Nakoniec aj zhromaždenie (tak ako protesty) prináša viditeľné svedectvo celému svetu. Hovorí svetu, že sme občanmi neba. *Čo sa to tam deje?* pýtajú sa ľudia.

Jeden náš priateľ kazateľ nedávno poznamenal, že keď skončili karanténne opatrenia kvôli COVID-19, jeho zbor nanovo objavil, ako hlboko „duchovné" je zhromaždenie. Použil práve to slovo: „duchovné". Má pravdu, naše zhromaždenia sú duchovné. Avšak, je ironické, že sú duchovné sčasti preto, lebo sú fyzické.

Boh odjakživa chcel, aby s ním bol jeho ľud fyzicky spojený. Preto stvoril Adama a Evu s fyzickými telami a prechádzal sa s nimi v záhrade v Edene. Zo svojej prítomnosti ich vyhnal, až keď zhrešili.

Boh zhromaždil izraelský ľud do zasľúbenej krajiny a povedal im, aby sa pravidelne zhromažďovali v chráme, v ktorom býval (napr. Dt 16:16; 31:10 – 12, 30). Znova zhrešili a znova ich z tej krajiny vyhodil.

Nakoniec asi tým najjasnejším dôkazom Božej túžby byť v prítomnosti svojho ľudu je vtelenie. Boží Syn si obliekol telo. Ten, ktorý bol *s* Bohom a ktorý bol Bohom (Jn 1:1 – 2) si obliekol telo, aby mohol byť *s* nami (Jn 1:14). Sľúbil, že vybuduje svoju cirkev – slovo, ktoré doslovne preložené znamená „zhromaždenie" (Mt 16:18).

Možno ste sa nikdy nezamýšľali nad tým, prečo si Ježiš vybral slovo „cirkev". Židia Ježišovej doby sa zhromažďovali v synagógach, ale Ježiš nepoužil slovo „synagóga". Použil slovo „cirkev". Prečo? S odpoveďou nám môže pomôcť pohľad späť na príbehy Biblie. Ak sa na ne pozrieme, dozvieme sa, že bolo prorokované, že Ježiš zhromaždí ľud, ktorý bol rozptýlený vyhnanstvom (pozri Joel 2:16). Ak sa pozrieme dopredu, pochopíme, že Ježiš chcel, aby tieto zhromaždenia – tieto cirkvi – očakávali záverečné zhromaždenie, kde bude Boh opäť prebývať so svojím ľudom: „Pozri, Boží stánok medzi ľuďmi. Boh bude s nimi prebývať a oni budú jeho ľudom; on sám, ich Boh, bude s nimi" (Zj 21:3; tiež 7:9nn).

Naše zhromaždené miestne cirkevné zbory predstavujú miesto, kde sa Boh stretáva s človekom – kde nebo prichádza na zem. „Lebo kde sú zhromaždení dvaja alebo traja v mojom mene, tam som ja medzi nimi" (Mt 18:20;

33

tiež v. 17). Toto sa nedeje na internete alebo v našich hlavách. Stáva sa to, keď „sa schádzate v cirkvi" - povedané Pavlovými slovami, ktoré naznačujú, že cirkev nie je cirkvou, kým sa neschádza (1Kor 11:18).

Ľudia niekedy radi hovorievajú, že „cirkev sú ľudia, nie miesto." Ak to chceme povedať ešte presnejšie, cirkev sú ľudia zhromaždení na nejakom mieste. Pravidelné stretávanie sa alebo zhromažďovanie sa robí cirkev cirkvou. To však neznamená, že cirkev prestáva byť cirkvou, keď ľudia nie sú zhromaždení - tak ako ani futbalový tím neprestáva byť tímom, keď jeho členovia práve nehrajú. Podstatou však je, že je nevyhnutné, aby sa cirkev zhromažďovala, ak chce naplniť svoj význam - ak chce byť cirkvou. Aj futbalový tím sa musí rovnako zhromaždiť pri hre, aby bol tímom.

Ježiš takto nastavil fungovanie kresťanov. Jeho zámerom je sústrediť kresťanstvo na pravidelné spoločné stretnutia, spoločné návštevy, spoločné vzájomné učenie sa, vzájomné povzbudzovanie a napomínanie a na vzájomnú lásku. Duchovné veci sa dejú, keď kresťania stoja bok po boku, dýchajú ten istý vzduch, spievajú tú istú pieseň, počúvajú tú istú kázeň a jedia ten istých chlieb (pozri 1Kor 10:17). Poobzeráte sa a poviete si: *V tejto viere nie som sám. Čo by sme mohli robiť spolu?*

Zaznelo tu veľa teologických myšlienok, no sú nevyhnutné na to, aby sme pochopili, čo vlastne v týchto veršoch píše autor Listu Hebrejom:

> Venujme pozornosť jeden druhému, aby sme sa povzbudzovali k láske a dobrým skutkom. Neopúšťajme naše zhromaždenie, ako to majú niektorí vo zvyku, ale sa povzbudzujme, a to tým väčšmi, čím väčšmi vidíte, že sa blíži Kristov deň. Veď ak dobrovoľne hrešíme po tom, čo sme prijali poznanie pravdy, niet už viac obety za hriechy, ale iba hrozné očakávanie súdu a žeravý oheň, ktorý strávi odporcov. (Heb 10:24 - 27)

V zhromaždení sa navzájom povzbudzujeme k láske a dobrým skutkom. Nabádame sa k nim. Všimnite si tiež autorovo varovanie: ak budeme naďalej hrešiť tým, že nebudeme robiť tieto veci - teda aj sa nestretávať - mali by sme očakávať Boží súd. No teda! On to berie vážne.

Chceme povedať, že navštevovanie cirkvi z vás *nerobí* kresťana. Naopak, chceme povedať, že navštevovanie cirkvi je niečo, čo kresťania robia. Je to prejavom toho, že je v nás Kristov Duch a preto túžime byť s Kristovým ľudom.

SÚSTREDENÉ NA BOŽIE SLOVO

Pred niekoľkými kapitolami som opisoval, ako som sa po presťahovaní do Washingtonu, D. C., zmenil z človeka, ktorý nechodí do cirkvi, na človeka, ktorý tam chodí trikrát do týždňa. Predtým som sa vyhýbal Božiemu ľudu a dokonca som sa trochu hanbil, keď ma s nimi niekto videl. Avšak náhle a predivne som začal *chcieť* byť s nimi. Každý týždeň som sa tešil na to, že budem s cirkvou.

Čo vyvolalo túto zmenu? Hlavne to, že som chcel počuť Boha. Veď nakoniec *to je to*, čo stretnutia cirkvi odlišuje od politických protestov alebo akýchkoľvek iných zhromaždení: stretávame sa pri samotných Božích slovách: „A preto aj my neprestajne ďakujeme Bohu, že keď ste prijali Božie slovo, ktoré ste počuli od nás, nie ako ľudské slovo, ale ako Božie slovo – akým naozaj je. Ono pôsobí vo vás veriacich" (1Tes 2:13). Pri zhromaždení cirkvi Boh hovorí a obyvatelia planéty Zem môžu počuť Boha a môžu vidieť ľudí rásť okolo jeho slova. Keď do takého zhromaždenia vojdú neveriaci, Pavol sľubuje, že budú usvedčení z hriechu, tajomstvá ich sŕdc budú odhalené a padnúc na tvár budú uctievať Boha a volať: „Boh je naozaj medzi vami!" (pozrite 1Kor 14:24 - 25).

PROBLÉM COVID-U: ZÁKAZ ZHROMAŽĎOVAŤ SA

Pandémia COVID-u bola pre cirkvi po celom svete problémom práve preto, že sa na mnohých miestach nemohli kresťania zhromažďovať a spoločne uctievať Božie slová. Po niekoľkých mesiacoch nezhromažďovania sa v ranom období COVID-u som mal pocit, ako keby som prestával mať o svojom zbore prehľad. Kamaráti sa ma pýtali: „Ako sa darí tvojmu zboru?" Nevedel som, ako odpovedať. Pravidelne som telefonoval a posielal textové správy jednotlivým členom, ale nevedel som náš zbor vnímať ako celok. Cirkev mi pripadala ako dažďová voda na parkovisku po búrke – tenká vrstva s občasnými mlákami.

Starší členovia sa najviac báli o tých duchovne slabších, o tých, ktorí mali problémy vo viere alebo čelili istým konkrétnym pokušeniam. Báli sme sa o tých, ktorí už predtým zrejme duchovne ochabovali, o tých, ktorí už predtým boli jednou nohou von.

Avšak nezhromažďovanie sa ovplyvnilo každého – duchovne zrelých aj nezrelých. Všetci potrebujeme pravidelne vidieť a počuť našich spolukresťanov.

Inak to vyzerá tak, že len sledujeme spôsoby správania sa našich kolegov v práci, kamarátov v škole alebo postáv v televízii.

Keď začala pandémia, mnohé cirkvi na svete naživo vysielali svoje bohoslužby a mnoho hlasov vyvyšovalo pretrvávajúcu hodnotu „virtuálnej cirkvi". Kazatelia, ktorí predtým túto myšlienku odsudzovali, teraz otvorili „virtuálne kampusy" a zamestnali v nich kazateľov na plný úväzok so sľubmi, že tieto kampusy tu budú natrvalo. Toto bol vzrušujúci vývoj v dejinách napĺňania Veľkého poverenia, vraveli niektorí.

Napriek tomu si kladieme otázku: O čo prídete, keď vaša skúsenosť s „cirkvou" nie je nič viac než len jeden priamy prenos týždenne? Na úvod spomeňme, že na svojich spolučlenov myslíte menej. Nespomínate si na nich pravidelne. Nestretávate ich a neviete s nimi krátke rozhovory, ktoré by viedli k dlhým rozhovorom pri večeri. Okrem toho ste mimo dosahu povzbudzovania, zodpovednosti a lásky.

Chvála Bohu za to, že si môžeme „stiahnuť" biblické pravdy virtuálne. Chváľme však Boha aj za to, že kresťanský život je viac než len prenos informácií. Keď je cirkev iba online, necítime a nezakúšame tieto pravdy. Nie sme svedkami toho, ako sa v Božej rodine tieto pravdy stávajú skutočnými. Je to však nanajvýš potrebné, lebo práve to posilňuje našu vieru a vytvára spojenia lásky medzi bratmi a sestrami.

Zamyslite sa nad tým. V čase, keď sa môžeme stretávať, možno celý týždeň zápasíte so skrytou nenávisťou k niektorému členovi. Potom vás však jeho prítomnosť pri Večeri Pánovej usvedčí a vedie k vyznaniu hriechu. Možno zápasíte s podozrením o niektorej sestre. Potom ju však vidíte spievať tie isté piesne chvály a začnete k nej pristupovať otvorenejšie a vrelšie. Možno máte strach z politického diania vo vašej krajine. Váš kazateľ však vyhlási, že Kristus príde víťazne po svoju cirkev, všade okolo seba počujete „Amen!" a spomeniete si, že patríte k občanom neba, ktorých spája láska. Možno zažívate pokušenie nevynášať svoje problémy na svetlo. Potom ich však nežná, ale dôrazná otázka staršieho manželského páru pri obede – Ako sa *naozaj* máte – z vás vytiahne.

Nič z toho sa nedá zažiť virtuálne. Boh nás stvoril ako fyzické a vzťahové bytosti. Život kresťana a cirkvi sa v konečnom dôsledku stiahnuť nedá. Musíme ho sledovať, počúvať, vstupovať doň a nasledovať ostatných. Preto Pavol napomínal Timoteja, aby strážil svoj život a doktríny, keďže obe boli zásadné pre to, aby zachránil seba aj svojich poslucháčov (1Tim 4:16).

Nie je prekvapujúce, že virtuálna cirkev či internetová cirkev získava popularitu. Je pohodlná a – úprimne – umožňuje vám vyhýbať sa problematickým vzťahom. Chápem to, je to silné pokušenie. Keď som bol stále single, presťahoval som sa do iného mesta. Nežil som v cirkevnom zbore a v meste som nikoho nepoznal. Po niekoľkých dňoch mi mysľou preblesklo: *Môžem ísť von a robiť si, čo chcem. Nikto to nebude vidieť, počuť ani sa na to pýtať. To je dosť dobré.* Vďaka Bohu ma Duch okamžite napomenul: „Vieš, odkiaľ prichádza tá myšlienka. Nie, to nie je impulz, ktorý máš nasledovať." Taká milosť! Dodnes ďakujem Duchu za to, že v ten deň strážil moje srdce. Nechcem však, aby ste prehliadli dôležitú myšlienku, ktorá vyplýva z tejto mojej skúsenosti: Boh bežne používa bratov a sestry v cirkvi, aby nám pomáhal zápasiť s pochabosťou a pokušením.

Áno, zhromažďovanie sa v cirkvi môže byť nepohodlné, ale taká je aj láska. Vzťahy sú problematické, ale taká je aj láska. Citlivé rozhovory sú desivé, ale taká je aj láska.

Obávame sa, že ak kladieme dôraz na virtuálnu cirkev, nepriamo kladieme dôraz na individualizovanie kresťanstva. Možno nájdeme zhodu pri otázke, či je múdre používať tento nástroj na obmedzený čas v núdzovej situácii akou je pandémia. Kresťania žijúci v pobrežných mestách v Spojených štátoch sa počas 2. svetovej vojny nemohli v nedeľu večer stretávať pre zastavené dodávky elektrickej energie, ktoré nariadila vláda. To bolo akceptovateľné. Avšak ponúkať alebo vyzdvihovať virtuálnu cirkev ako trvalé riešenie, aj napriek dobrým úmyslom, kresťanskému učeníctvu škodí. Učí to kresťanov premýšľať o svojej viere individualisticky. Učí ich, že nasledujú Ježiša ako členovia „Božej rodiny" v nejakom abstraktnom slova zmysle a neučí ich to, čo znamená byť súčasťou tejto rodiny a prinášať pre ňu obety.

V tomto ohľade by kazatelia mali odrádzať ľudí od virtuálnej „účasti", ako len vedia. Nedávno som svojim starším spolu-bratom povedal: „Bratia, potrebujeme nájsť citlivý spôsob, ako našim členom pripomenúť, že možnosť priameho prenosu pre nich nie je dobrá. Nie je dobrá pre ich učeníctvo a nie je dobrá pre ich vieru. Chceme, aby im to bolo jasné, inak spohodlnejú a nebudú sa cielene snažiť s nami zhromažďovať, keď už budú môcť." Biblický príkaz zhromažďovať sa nemá byť bremenom (pozrite Heb 10:25, 1Jn 5:3), naopak, je dobrý pre našu vieru, lásku a zažívanie radosti.

NEBESKÉ VEĽVYSLANECTVO

Túto kapitolu sme začali prirovnaním cirkevného zhromaždenia k protestu. Existuje však ešte lepšia metafora, ktorá je dobrým úvodom do ďalších kapitol. Zhromaždené cirkvi sú *nebeské veľvyslanectvá*.

Veľvyslanectvo je oficiálna predsunutá základňa krajiny na území inej krajiny. Reprezentuje a zastupuje zahraničnú krajinu. Reprezentuje jej vládu. Keď napríklad niekedy v živote navštívite Washington, D. C., môžete sa prejsť po ulici Embassy Row, kde sú pri sebe zoradené veľvyslanectvá z celého sveta. Uvidíte japonskú vlajku a ich veľvyslanectvo, potom vlajku a veľvyslanectvo Spojeného kráľovstva, potom Talianska, potom Fínska. Každé veľvyslanectvo reprezentuje svetovú krajinu a jej vládu. Ak by ste do niektorého z nich vstúpili, počuli by ste jazyk krajiny, ktorú reprezentuje. Medzi jeho pracovníkmi by ste zažili kultúru ich krajiny. Ak by ste sa zúčastnili večere na veľvyslanectve, ochutnali by ste jej pochúťky. A ak by ste sa vkradli do zadných kancelárií, domnievame sa, že by ste sa dozvedeli o ich diplomatických záležitostiach.

Čo je teda zhromaždená cirkev? Nebeské veľvyslanectvo. Čo by ste mali objaviť, ak navštívite svoju cirkev alebo tú moju? Úplne inú krajinu – cudzincov a pútnikov, občanov Kristovho kráľovstva. V týchto cirkvách budete počuť, ako sa vyhlasujú slová Kráľa neba. Budete počuť nebeský jazyk viery, nádeje a lásky. Zakúsite niečo z nebeskej hostiny z konca vekov pri Večeri Pánovej. A dostanete diplomatické poverenie, aby ste prinášali evanjelium vašej krajine a všetkým krajinám.

Okrem toho zakúsite začiatok nebeskej kultúry. Na tomto veľvyslanectve sú občania neba chudobní duchom a sú pokorní. Pri nasledovaní Krista túžia po spravodlivosti. Sú čistí srdcom. Sú tvorcami pokoja, ktorí nastavujú druhé líce, idú míľu navyše a ak ich požiadate, dajú vám košeľu aj bundu. Na ženu sa chlipne ani len nepozrú, o spáchaní cudzoložstva ani nehovoriac. Nestretnete sa u nich ani len s nenávisťou, nieto ešte s vraždou.

Ježiš nežiadal Organizáciu spojených národov, najvyšší súd alebo katedru filozofie na univerzite, aby ho reprezentovali a vyhlasovali jeho nariadenia. Požiadal o to pokorných, sklonených v modlitbe, tých slabých. Požiadal o to vašu aj našu cirkev.

Naše cirkvi však nebudú vždy ohlasovať a stelesňovať nebo tak, ako by mali. Navzájom ci povieme necitlivé veci, alebo tých druhých sklameme. Dokonca navzájom zhrešíme. Naše stretnutia sú len znameniami a predzvesťou budúceho nebeského zhromaždenia – tak ako malé oblátky pri Večeri Pánovej sú znamením nebeskej hostiny. Tieto veci nie sú tým pravým sami o sebe. Avšak snažíme sa ukazovať tým druhým centrum neba, ktorým je sám Kristus. On nikdy nehreší a nesklame. Dobrou správou je, že hriešnici (ako vy a my) sa k nám v tejto snahe môžu pridať – ak vyznajú svoje hriechy a budú ho nasledovať, nič viac robiť nemusia.

ODPORÚČANÉ ČÍTANIE

Kim, Jay Y. *Analog Church: Why We Need Real People, Places, and Things in the Digital Age.* Downers Grove, IL: InterVarsity Press, 2020.

Leeman, Jonathan. *One Assembly: Rethinking the Multisite and Multiservice Model.* Wheaton, IL: Crossway, 2020.

4
Prečo je kázanie spolu s vyučovaním ústredným kameňom?

Collin Hansen

Cirkevný zbor je skupina kresťanov,

ktorí sa stretávajú ako pozemské veľvyslanectvo
Kristovho nebeského kráľovstva,

**aby ohlasovali dobrú správu o Kráľovi Kristovi
a Jeho prikázania,**

aby si navzájom potvrdzovali členstvo v ňom cez sviatosti

a ukazovali svätosť a lásku samého Boha

cez zjednotený a rôznorodý ľud

v celom svete

pri nasledovaní vyučovania a príkladu starších.

Čo dáva nejakému kazateľovi právo sa aspoň raz za týždeň postaviť pred ľudí na, dajme tomu, pol hodinu a hovoriť v Božom mene? Ani len prezident nemá takú právomoc. Nikto si nemyslí, že túto výsadu si zaslúži učiteľ matematiky alebo profesor literatúry. A koľko iných jednosmerných monológov dnes vlastne pravidelne počúvate? Čo bolo kedysi obľúbené, čo bolo aktivitou putovných zabávačov v starobylom svete dnes ťažko pritiahne zástup v nejakom meste, o našliapnutí na lukratívnu kariéru vo verejných prejavoch ani nehovoriac.

Kazatelia svoju autoritu nečerpajú z väčšieho poznania, politickej sily alebo rétorickej zručnosti. Čerpajú ju jedine z Božieho slova. „Hlásaj slovo," povedal Pavol svojmu mladému učeníkovi Timotejovi, kazateľovi v Efeze, „naliehaj vo vhodný i nevhodný čas, presviedčaj, karhaj, povzbudzuj so všetkou trpezlivosťou a ponaučením" (2Tim 4:2).

Kazatelia nemajú autoritu, ak recenzujú nedávny seriál na Netflixe. Nemajú autoritu, ak od nich chcete odporúčanie na dobrú reštauráciu. Nemajú autoritu, ak hovoria o konšpiračnej teórii, ktorú videli na Facebooku. Možno budú mať dobré, zaujímavé a pozoruhodné myšlienky. Môžu vám dobre poradiť, ak, povedzme, potrebujete pomôcť nájsť si prácu. Majú však špeciálnu autoritu hovoriť v Božom mene, iba keď kážu jeho slovo.

Nikto nie je lepší učiteľ než Ježiš. Nikto nedokáže kázať lepšiu zvesť, než bola jeho Kázeň na hore. Jej pravda a moc stále mení životy a oslovuje nás dnes. Taktiež však jej pôvodné publikum vnímalo, že bola iná než to, čo bežne počúvali od učiteľov. Matúš nám hovorí: „Keď Ježiš skončil túto reč, zástupy žasli nad jeho učením. Učil ich totiž ako taký, čo má moc, a nie ako ich zákonníci" (Mt 7:28 – 29). Zákonníci boli oficiálni učitelia v Izraeli. Prečo davy nerešpektovali ich autoritu? Pretože vyučovali svoje vlastné myšlienky. K Božiemu zákonu pridávali svoje vlastné zákony. Ježiš, súc samotným Bohom, učil s autoritou ako ten, ktorý zákon napísal a dokonale dodržal.

Pri objavovaní cirkvi hľadáme nanovo božskú autoritu a nie iba ľudskú múdrosť. Ľudskej múdrosti tu dnes máme viac než dosť. Nikdy predtým sme k nej nemali taký dobrý prístup. Na zoznamoch bestsellerov prevládajú knihy o sebazdokonaľovaní. Podcasty vám sľubujú, že budete lepší. Internet je nekonečný. Cirkev, ktorá ponúka ľudskú múdrosť, preto čelí tvrdej konkurencii. Prečo by sme mali počúvať miestneho kazateľa a nesledovať radšej youtubeový kanál? Prečo by sme v nedeľu ráno radšej nesledovali spravodajské programy s vplyvnými politikmi?

Vstávame a stretávame sa s cirkvou každý týždeň, pretože tam chodíme počúvať Kráľa – jeho dobrú správu a jeho radu pre naše životy. Môžeme ho počuť vždy, keď čítame Bibliu, no *spoločne* ho môžeme počuť iba na každotýždňovom stretnutí. Sme tam formovaní *spoločne* ako ľudia. Preto je kázanie spolu s vyučovaním ústredným kameňom pri zhromaždeniach našej cirkvi. To, že sa počas našich spoločných stretnutí sústredíme hlavne na Božie slovo, buduje nebeskú kultúru. Tá by nás mala charakterizovať ako ľud, ktorý je v niečom iný – ľud, ktorý má byť soľou a svetlom v našich jednotlivých mestách a krajinách.

S pomocou Ducha spoznáte Božskú múdrosť, keď ju budete počuť. Nie je ako ľudská múdrosť súčasných samozvaných zákonníkov, ktorých je na sociálnych sieťach a v bestselleroch neúrekom. Kazateľ má autoritu vo všetkom, čo Boh povedal, ale v tom, čo Boh nepovedal, ju nemá. Kazatelia sa môžu previňovať tým, že povedia priveľa alebo primálo. To znamená, že Biblia je základom kázne, ale taktiež jej mantinelmi.

Mark Dever často prirovnáva prácu kazateľa k práci poštára. Poštár pred vašou schránkou neotvorí poštu, nedopíše k nej pár poznámok navyše, nezalepí znova obálku a nevloží vám ju do schránky. Poštár jednoducho doručuje poštu.

Tak je to aj s kazateľom. Slovo nám pomáha uvedomiť si kazateľovu náležitú autoritu. Má autoritu doručiť poštu. Nič viac.

Guruovia sebazdokonaľovania nemajú autoritu, lebo sú zaujatí a vravia vám, čo chcete počuť – inak by ste si nekupovali ich produkty a nepredplácali ich programy. Takíto zákonníci zachádzajú ďalej, než je Božie slovo a pripisujú si autoritu, ktorá nepochádza len z Písma. Možno vám budú chcieť radiť, s kým máte chodiť, koho voliť, do akej školy dať deti alebo aký druh oblečenia povie ostatným o vašej svätosti. Vo všetkých týchto veciach môžu skutočne radiť múdro, ale nesmieme si mýliť dobrú radu s božskou autoritou. Kázeň nie je priestor na ľudské úvahy ale na božskú moc.

TOTO HOVORÍ HOSPODIN

V celej Starej zmluve proroci opakujú refrén „toto hovorí Hospodin". Hovorili s autoritou, pretože Boh svoju zvesť zveril im. Hovorili v jeho mene. To znamená, že proroci nie vždy vraveli to, čo ľudia chceli počuť. Vlastne králi bežne trestali prorokov, keď sa im nepáčilo, čo od nich počuli.

Napríklad kráľ Cidkija nechal proroka Jeremiáša hodiť do cisterny a zomrieť tam od hladu (Jer 38:9). Prečo to kráľ urobil? Jeremiáš predtým povedal Židom v Jeruzaleme, že ak tam ostanú, Chaldejci ich zabijú. Pravdaže, mal pravdu. Nebola to však správa, ktorú kráľ a jeho vojenskí velitelia chceli počuť. Neprospievalo to morálke (v. 2 - 4). Obviňovali posla, aby nemuseli poslúchnuť správu, ktorú im priniesol. Radšej mali prorokov, ktorí ich chlácholili klamstvami. Bohu však naše klamstvo nestačí: „Veru nakŕmim ich palinou a napojím ich otrávenou vodou, lebo od jeruzalemských prorokov prešla bezbožnosť na celú krajinu" (23:15).

Boh cez svojho proroka Ezechiela napomínal vodcov alebo „pastierov" Izraela, ktorí klamali ľuďom, ktorých mali príkaz chrániť: „Beda pastierom Izraela, ktorí pasú samých seba! Či pastieri nemajú pásť stádo? Jete tuk, odievate sa vlnou, zabíjate tučné zvieratá, ale stádo nepasiete" (Ez 34:2 - 3).

To, čo zažil Izrael, nás varuje, že pri objavovaní cirkvi nanovo sme náchylní hľadať vodcov, ktorí nám budú hovoriť to, čo chceme počuť. Vodcovia sú v pokušení dávať ľuďom, čo chcú, lebo si tak ľahšie zarobia na živobytie. Dokonca je možné, že kazatelia budú znieť ako odvážni hlásatelia pravdy, keď budú drsne hovoriť o ľuďoch mimo svojich zborov. Možno budú znieť odvážne, ale nikdy nebudú konfrontovať ľudí, ktorí ich platia.

To vlastne môže byť najväčšou výzvou, ktorej čelí väčšina kazateľov. Ako môžu kázať Bibliu a len Bibliu a nestúpiť viacerým ľuďom na otlak? Ako môžu hovoriť ťažké a pravdivé veci ľuďom, ktorí majú v rukách ich živobytie a môžu ich a ich rodiny zbaviť domovov a komunít?

SAMI SI KÁZAŤ SLOVO

Keďže kazatelia čelia tomuto pokušeniu, je dôležité, aby sme sa my ostatní stali ochotnými počúvať a poslúchať Slovo, aj keď s ním spočiatku nie vždy súhlasíme alebo sa nám nepáči. Pri tom, ako nanovo objavujete cirkev, hľadajte kazateľov, ktorí nechcú, aby ich poslucháči boli na nich závislí pri objavovaní skrytých biblických múdrostí. Hľadajte kazateľov, ktorí vám budú ukazovať, ako si môžete Slovo kázať sami.

Najlepším kazateľom nejde o to, aby ste žasli nad ich vlastnými schopnosťami. Ukazujú vám Božiu slávu zjavenú v jeho slove. Keď tak Boha vidíte, chcete z neho, koľko sa len dá. Rastiete v túžbe sami si čítať a aplikovať Slovo.

Potom sa dostanete do pozitívnej slučky spätnej väzby. Čím viac vám kazatelia pomáhajú poznať a milovať Božie slovo, tým radšej s ním sami pracujete, a tým viac obľubujete dobré kázanie.

Tento vzťah medzi kazateľmi a členmi zboru je kľúčový pre akýkoľvek zdravý zbor, pretože v zbore nikdy nie je len jeden učiteľ. Všetci sme do istej miery povolaní učiť slovo. Napríklad ako súčasť svojej vodcovskej úlohy musia byť všetci starší (nielen kazateľ) „schopní učiť" (1Tim 3:2). Rodičia učia Božie slovo svoje deti (Dt 6:7). Staršie ženy učia mladšie ženy (Tít 2:3 – 5).

Zamyslite sa nad prácou Slova v cirkvi aspoň štyrmi spôsobmi: (1) kazateľ prináša Slovo celému zboru; (2) členovia zboru reagujú tak, že Božie slovo berú do svojich úst a sŕdc cez spievanie a spoločné modlitby; (3) všetci členovia cirkvi učia Božie slovo sami seba; a (4) rôzni členovia zboru učia Božie slovo jeden druhého a ďalšiu generáciu. To znamená, že každý člen cirkvi je povolaný byť do istej miery študentom aj učiteľom Božieho slova.

S takýmto pohľadom na Božie slovo sa cirkvi chránia od jedného z najrozšírenejších problémov dneška, ktorý autori Biblie očakávali a sami mu čelili. Pavol povedal Timotejovi, aby varoval Efezanov: „Nech sa nezaoberajú bájami a nekonečnými rodokmeňmi, ktoré vyvolávajú skôr hádky a neslúžia Božiemu plánu spásy vo viere" (1Tim 1:4). Vo svojom druhom liste Timotejovi ho Pavol podobne varoval: „Príde totiž čas, keď ľudia neznesú zdravú náuku, ale podľa vlastných žiadostí sa budú zháňať za učiteľmi, aby im štekili uši, odvrátia sluch od pravdy a priklonia sa k bájam" (2Tim 4:3 – 4). Vidíme teda, že cirkev sústredenú na Božie slovo budú menej zaujímať jej „vlastné žiadosti," špekulácie, ktoré vyzerajú múdro, ale v skutočnosti sú prejavom pochabosti. Pavol by si bol možno myslel, že internet vytvoril sám satan ako nástroj na rozdeľovanie a rozptyľovanie cirkví nekonečnými špekuláciami.

Zamyslite sa nad špeciálnymi problémami, ktoré majú kazatelia po celom svete počas lockdownu. Tento týždeň môžu získať asi 45 či dokonca 60 minút vašej pozornosti. To vtedy, keď vyhrajú zápas o vašu pozornosť – v boji s vašimi deťmi, ospalosťou, či textovými správami, ktoré prichádzajú, keď sa snažíte sledovať kázeň z domu. Lenže sociálne médiá, videá a podcasty vás potichu oberajú o každú voľnú chvíľu počas práce, šoférovania, či spánku. Niet divu, že to vyzerá tak, že sa s tým naše zbory nemôžu rovnať! Nerobíme si prioritu z tých istých strán Písma. Cirkvi, ktoré po skončení

COVID-19 vyviaznu ako najsilnejšie, budú tie, ktoré Božie slovo kázali s mocou a nevyužívali len prostriedky, ktoré sa usilovali získať našu slabnúcu pozornosť.

ČO JE DOBRÁ KÁZEŇ?

Pri tom, ako nanovo objavujete cirkev, sa môžete stretnúť s kázňami rôznych štýlov a dĺžok. V Biblii nenájdete žiadne jasné vzorce. Celá Biblia je inšpirovaná Bohom, ale osobnosti jednotlivých autorov je stále cítiť. Pavol neznie ako Peter a ten neznie ako Ján. Možno máte radi kázne s emočným zápalom. Možno máte radi kázne s množstvom odkazov na hebrejčinu a gréčtinu. Oba z týchto prístupov môže Boh použiť na to, aby nás vychovával v láske a poslušnosti.

Taktiež možno počujete spory kazateľov o tom, či kázne majú byť tematické alebo výkladové. Niektoré situácie môžu oprávňovať tematické kázanie o prichádzajúcich voľbách, celosvetovej pandémii alebo rasovej nespravodlivosti – spomenul som tu len tri aktuálne oblasti. Avšak, ak kazateľ používa priveľa tematických posolstiev, riskuje oslabenie vlastnej autority tým, že si začne upravovať význam Biblie tak, aby mohol kázať svoje vlastné myšlienky namiesto Božieho slova. Veríme, že je lepšie pravidelne kŕmiť cirkev výkladovými kázňami, ktoré *vykladajú* text tak, že hlavná myšlienka oddielu je hlavou myšlienkou kázne. Ako už povedalo veľa kazateľov, Pavol nehovorí kazateľom, len aby kázali, ale aby kázali *Božie slovo.*

Kázanie, ktoré sa postupne týždeň čo týždeň presúva cez verše a kapitoly Biblie, taktiež dovoľuje Bohu, aby diktoval program on a nie kazateľ. Nezabúdajte, že kazateľ je poštárom, ktorý doručuje poštu. „Tento týždeň budeme počuť, čokoľvek, čo má pre nás Boh nachystané v Rimanom 1, ďalší týždeň v Rimanom 2 a týždeň potom v Rimanom 3." Keď Bibliu počúvame takto, zisťujeme, že Božia agenda sa presne nezhoduje s našou vlastnou. Napríklad v Rimanom môžu byť veci, ktoré by kazateľ nechcel kázať. Boh nám však poslal obálku s listom a čaká, kým ju otvoríme.

Veď nakoniec čiu agendu skutočne chceme – svoju alebo Božiu? Jeho cesty sú vyššie a lepšie (Iz 55:9). Mali by sme sa riadiť ním a nie svetom. Niečo špeciálne sa deje, keď počujete Ducha hovoriť cez Božie slovo, hoci sa zdá, že kazateľ len pokračuje tam, kde skončil minulý týždeň.

Keď nanovo objavíte cirkev, pravdepodobne sa stretnete so spormi o tom, či máme počúvať nahraté kázne alebo kázne naživo, osobne. Pred rokmi som mal rozhovor s výnimočne obdarovaným kazateľom. V inom živote by bol úspešným stand-up komikom. Vlastne študoval štýl komunikácie komikov, aby sa naučil, ako počas kázania osloviť poslucháčov. Taktiež chápal hĺbku jednotlivých biblických a teologických konceptov a vedel ich kreatívne vysvetliť skeptickým davom. Jeho zbor sa rozšíril na viacero miest vo svojom regióne či dokonca krajine tak, že vysielal jeho nahraté kázne a nemal miestnych kazateľov kážucich osobne. Nikdy na jeho zdôvodnenie nezabudnem. Povedal, že nemalo zmysel dávať ľuďom béčkového kazateľa, keď môžu mať áčkového kazateľa, akým bol on. Ak bolo jeho cieľom získať veľa osobných nasledovateľov, nemal som mu ako odporovať.

Keď som však nad tým neskôr premýšľal, uvedomil som si, že svojím argumentom zašiel ešte ďalej, než sa zdalo. V prípade, ktorý spomenul, nesúťažil iba proti svojim podriadeným kazateľom a stážistom. Súťažil proti všetkým iným živým aj mŕtvym kazateľom. Prečo si nepúšťať záznamy kazateľa tej najvyššej triedy, ako napríklad Billyho Grahama? Čo keby si zbory najali herca, ktorý by hral najlepšie kúsky Charlesa Spurgeona? Možno by mohli zostaviť turnajový rozpis, aký sa používa pri futbalových play-off a nechať kresťanov jedno kolo za druhým hlasovať za najobľúbenejšieho kazateľa, až kým by sme sa nedostali k jedinému rečníkovi, ktorý by vládol všetkým. Potom by už nikto nikdy nebol vystavený kazateľovi úrovne 2- (alebo horšej). Mali by sme to najlepšie – ak by práve to bolo podľa Boha to najlepšie pre nás.

Avšak nie je. Najlepším kazateľom pre vás je kazateľ, ktorý je verný Božiemu slovu. Ešte lepšie je, keď je s vami ochotný ísť na kávu alebo vás navštíviť v nemocnici. To, že Bibliu nečítame len spolu počas bohoslužieb, má svoj dôvod. Kázanie prináša autoritu Božieho slova, prostredníctvom osobnosti a skúsenosti kazateľa, do súčasného kontextu so svojimi konkrétnymi miestnymi a osobnými potrebami. Muž, ktorého som spomenul, skutočne môže byť lepším kazateľom, než ten váš, ale váš kazateľ pozná váš zbor lepšie. To pre vás a vaše spoločenstvo znamená oveľa viac.

Jasné, že kazatelia nemôžu poznať všetky dôverné detaily každého človeka, ktorý ich počúva. Fakt, že tak veľa kazateľov malo problém kázať do kamery počas lockdownu kvôli COVID-19, však má svoj dôvod. Títo kazatelia sa modlia, aby vnímali konanie Ducha počas našich priamych reakcií počas kázania. Keď nás vidia tvárou v tvár, Duch im pomáha viac chápať naše trápenia a poskytnúť nám útechu. Je veľa dôvodov, prečo by zbor nemal stlmiť svetlá v hľadisku počas bohoslužieb, ako to býva na koncertoch a v divadlách. Toto je jeden z nich: kazatelia môžu citlivo reagovať na vnuknutia Ducha počas aktu kázania.

ČAS A MIESTO

Pri kázaní nakoniec nejde len o prenos informácií. Ak by to bol jediný cieľ, potom by to nebol najefektívnejší spôsob, ako ho dosiahnuť. Mohli by sme si radšej zvoliť video, podcasty alebo len knihy a bohoslužby úplne vynechať. Avšak pri počúvaní kázne nejde len o vás a váš osobný vzťah s Ježišom. Ide pri ňom taktiež o formovanie nebeskej kultúry a budovanie nebeského mesta priamo vo vašom zbore. Ide o formovanie spoločného života.

Pri osobnom kázaní naživo sa dejú dve veci, ktoré nemôžu fungovať pri podcaste s kazateľom, ktorého osobne nepoznáte. Po prvé, zhromaždenie a kazateľ spolu zažívajú kázanie ako udalosť komunity v čase a priestore. Áno, uvažovanie nad kázňou počas našich stíšení má svoj význam. Ešte väčší význam však má jej aplikovanie na nás všetkých spoločne – ako na jeden ľud. Spolu kázni vdychujeme život tým, ako sa k sebe správame počas týždňa. Taktiež nezabúdajte na to, že kazateľ nakoniec nie je „nad" nami. Je jedným z nás a spolu s nami je formovaný Božím slovom ako nové mesto. Kázeň nám prináša víziu z Božieho slova konkrétnym ľuďom na konkrétnom mieste – ako sa zmluvne zaviazali poslúchať Boha a milovať jeden druhého.

Okrem toho osobnosť kazateľa a jeho príklad nastavujú spôsob fungovania celého zhromaždenia. Kazatelia sa pochopiteľne vydesia, keď si uvedomia, koľko z ich silných aj slabých stránok preberú ich zbory. Keď som sa na seminári učil, ako kázať, môj profesor mi povedal varovné slová. Povedal mi, že za tie roky si moje zhromaždenie pravdepodobne nebude pamätať presné slová, ktoré som povedal. Boh bude postupom času zbor formovať cez moje slová a tiež cez môj príklad v zbožnosti. Charakter kazateľa a jeho zvestovanie sa prelínajú a mocou Ducha jeho slová menia poslucháčov (hoci si tie slová nie vždy pamätajú). To platí aj pre vyučovanie, nie iba kázanie. Typicky si našich najlepších učiteľov nepamätáme pre ich vedomosti. Pamätáme si ich múdrosť sprevádzajúcu ich obdarovanie komunikovať a ich lásku k nám osobne.

Takže pri tom, ako budete nanovo objavovať cirkev, hľadajte kazateľov, ktorí vás milujú natoľko, že vedia, ako vás podľa potreby rezať aj zašívať ako dobrí chirurgovia. Hľadajte takých, ktorí vedia, že ich autorita je odvodená od Kráľa kráľov, ktorého dobrú správu a múdrosť ohlasujú. Nechcú len podiel z vašej výplaty. Chcú vám dať príklad a nie len na vás urobiť dojem svojím poznaním a charizmou.

ODPORÚČANÉ ČÍTANIE

Leeman, Jonathan. *Word-Centered Church: How Scripture Brings Life and Growth to God's People.* Chicago: Moody, 2017.

Wilkin, Jen. *Women of the Word: How to Study the Bible with Both Our Hearts and Our Minds.* Wheaton, IL: Crossway, 2014.

5
Je pripojenie sa vlastne nevyhnutné?

Jonathan Leeman

Cirkevný zbor je skupina kresťanov,

ktorí sa stretávajú ako pozemské veľvyslanectvo
Kristovho nebeského kráľovstva,

aby ohlasovali dobrú správu o Kráľovi Kristovi
a Jeho prikázania,

aby si navzájom potvrdzovali členstvo v ňom cez sviatosti

a ukazovali svätosť a lásku samého Boha

cez zjednotený a rôznorodý ľud

v celom svete

pri nasledovaní vyučovania a príkladu starších.

Počas štúdia na vysokej škole som pol roka strávil v Bruseli v Belgicku. Počas toho obdobia vypršala platnosť môjho amerického pasu. Preto som išiel na americké veľvyslanectvo v bruselskej štvrti Quartier Royal. Keď som doň vstúpil, ocitol som sa na americkej pôde.

Veľvyslanectvo má autoritu vlády Spojených štátov. Môže vláde a občanom Belgicka povedať: „Toto Spojené štáty žiadajú a toto zamýšľajú.“ O ľuďoch ako ja môžu povedať: „Je jedným z nás.“

Pri priehradke som úradníkovi podal môj pas s vypršanou platnosťou. Položil mi niekoľko otázok a naťukal do počítača niekoľko vecí. Takmer okamžite som mal nový pas potvrdzujúci moje americké občianstvo. Veľvyslanectvo zo mňa občana neurobilo. Stal som sa ním pri narodení. Oficiálne však uznalo a potvrdilo moje občianstvo. Hovorí v mene Spojených štátov spôsobom, ako ja nemôžem, aj keď som občanom Spojených štátov.

NAOZAJ MAJÚ CIRKEVNÉ ZBORY AUTORITU?

Podobne platí, že zbory *nerobia* z ľudí kresťanov. Kresťanmi sa stávame pri novom narodení, ako sme spomínali v 2. kapitole. Zbory sú však veľvyslanectvami neba, ktorým dal Kristus úlohu potvrdzovať naše nebeské občianstvo. Baptisti, presbyteriáni a anglikáni sa možno nezhodnú v tom, kto konkrétne toto vyhlási, či je to celé zhromaždenie, alebo starší, alebo biskup konajúci v mene zhromaždenia. Všetci sa však zhodnú v tom, že Ježiš dal túto autoritu miestnym cirkvám. Cirkvi nevydávajú pasy, ale krstia a spolu slávia Večeru Pánovu.

Kresťania si dnes väčšinou neuvedomujú, že zbory majú Bohom danú autoritu a často im ju ani nepriznávajú. Majú ju rodičia? Áno. Vlády? Áno. Ale zbory?

Od Ježiša, ktorý dal kľúče od kráľovstva zborom v 16. a 18. kapitole Matúšovho evanjelia, sa dnes dozvedáme toto: po prvé, v Matúšovi 16:13 – 20 Ježiš učí, že kľúče slúžia na potvrdzovanie *správneho vyznania evanjelia*. Peter vyznáva, kto je Ježiš. Ježiš potvrdzuje Petrovu odpoveď, sľubuje, že postaví svoju cirkev a potom za tým účelom dá Petrovi a apoštolom „kľúče od nebeského kráľovstva“ (v. 19). Čo tie kľúče robia? Zväzujú a rozväzujú na zemi, čo je zviazané a rozviazané v nebi. Takéto formulácie dnes už nepoužívame, preto nám môže ich význam uniknúť. Premýšľajte o kľúčoch ako o autorite veľvyslanectva formálne vyhlasovať zákony alebo nariadenia svojej domovskej vlády.

Po druhé, v Matúšovi 18:15 – 20 Ježiš učí, že kľúče slúžia na potvrdenie *pravých vyznávačov evanjelia*. Kľúče od kráľovstva odovzdáva miestnej cirkvi, ktorá takto môže zbaviť členstva ľudí, ktorých životný štýl sa nezhoduje s ich vyznaním. Premýšľajte o tom ako o autorite veľvyslanectva, ktoré má právo formálne vyhlásiť, kto sú jeho občania.

Pre zhrnutie teda platí, že miestne zbory vlastnia kľúče od kráľovstva, ktoré im v mene evanjelia dali moc rozhodovať o dvoch veciach: *Čo* je správne vyznanie? *Kto* je pravý vyznávač?

> Autorita kľúčov = právo vyhlasovať v Ježišovom mene – *Čo* je správne vyznanie? *Kto* je pravý vyznávač?

Ďalšia analógia, ktorá nám môže pomôcť pochopiť zborovú autoritu kľúčov, je práca sudcu. Sudca zákony netvorí. Ani človeka nerobí vinným či nevinným. Sudca však má autoritu v mene vlády interpretovať zákon a potom vyniesť oficiálny rozsudok: „Vinný" alebo „Nevinný". Tak je to aj pri vyhláseniach zboru. Sú „oficiálne", teda reprezentujú nebeské kráľovstvo na zemi.

Niekedy zbory vynášajú nesprávne rozsudky, ako to je pri veľvyslancoch a veľvyslanectvách alebo sudcoch a súdoch. Napriek tomu je to úloha, ktorú Ježiš dáva zborom.

ČO SÚ SVIATOSTI? NAŠE NEBESKÉ PASY

Ako zbory vynášajú tieto oficiálne rozsudky?

Po prvé, robia to kázaním, o ktorom sme hovorili v predchádzajúcej kapitole. Keď kazateľ káže, „zväzuje" alebo „rozväzuje" svedomie zhromaždenia, aby chápalo Božie slová.

Po druhé, zbory zväzujú alebo rozväzujú zhromaždenie sviatosťami.

Prvou sviatosťou je krst. Je vstupnou bránou do členstva v cirkvi. Tí, ktorí sa zhromažďujú v Kristovom mene (Mt 18:20), krstia ľudí v jeho mene (28:19). Krstom vyhlasujeme: „Patrím k Ježišovi" a zbor to potvrdzuje: „Tento človek patrí k Ježišovi". Obe strany majú čo povedať.

Potom nasleduje Večera Pánova. Je to pravidelné rodinné jedlo pre členov (Mt 26:26 – 29).

Členstvo v zbore v istom zmysle znamená jednoducho členstvo pri Pánovom stole, keďže Večera Pánova je spôsob, akým jeden druhého dlhodobo uznávame za veriacich. Počúvajte, čo vraví Pavol: „Keďže je jeden chlieb, my mnohí sme jedno telo, lebo všetci máme podiel na jednom chlebe" (1Kor 10:17). Spoločné jedenie jedného chleba ukazuje, že sme jedno telo. Potvrdzuje nás ako veriacich. Opäť, rôzne kresťanské denominácie sa nezhodnú v tom, čo presne chlieb Večere Pánovej reprezentuje. Všetky sa však zhodnú na tom, že Večera Pánova je cirkevné jedlo, ktorým si celé zhromaždenie navzájom potvrdzuje členstvo v Kristovom tele.

Kresťania príliš často berú sviatosti individualisticky. Krstíme a slávime Večeru Pánovu doma, na kempe alebo na zájazde do zahraničia. To, že sme počas COVID-u ostali doma, obzvlášť pokúša ľudí takto premýšľať.

Je pravda, že Nová zmluva absolútne neohraničuje krst len na cirkevné prostredie, čo vidíme pri tom, ako Filip pokrstil etiópskeho eunucha (Sk 8:26 – 40). Misionárske náboženstvo, ktoré preniká na nové územie, vlastne ani nemá na výber. Avšak normálna prax je sláviť tieto dve sviatosti počas cirkevného zhromaždenia pod starostlivým dohľadom cirkvi, podobne ako bolo pokrstených tritisíc ľudí „do" cirkvi v Jeruzaleme (Sk 2:41). Podobne chce Pavol, aby sme sa zúčastňovali Večere Pánovej, iba keď „rozoznávame telo", ktorým sa myslí cirkev (1Kor 11:29). Potom nám hovorí, aby sme „čakali jeden na druhého" predtým, než ju prijímame (v. 33). Je to cirkevné podujatie.

Pri jednej príležitosti, keď som spolu s cirkvou prijímal Večeru Pánovu, som povedal bratom okolo mňa: „Pri tom, ako jeme, pozerajme sa jeden na druhého a na záver si venujme objatia." Chcel som zachytiť spoločný charakter toho, čo robíme. Moji priatelia si pri tejto požiadavke vzdychli, ale súhlasili. Bok po boku sme teda prijali Večeru Pánovu, pozreli sa jeden na druhého a potom sa objali. Úprimne povedané, bol to trocha zvláštny pocit. Chlapi sa pochechtávali. Túto aktivitu určite neodporúčam zaviesť do praxe. Snažím sa však ilustrovať myšlienku, že Večera Pánova je rodinné jedlo, nie individuálne.

ČO JE ČLENSTVO V CIRKVI?

Takže čo presne *je* členstvo v cirkvi?

Členstvo v cirkvi je spôsob, akým formálne uznávame jeden druhého ako veriacich a ako sa tak jeden druhému zaväzujeme. Je to niečo, čo vytvárame, keď prostredníctvom sviatostí uznávame jeden druhého ako kresťana. Ak by sme to chceli zadefinovať, môžeme povedať, že členstvo v cirkvi je *potvrdenie* kresťanovho vyznania viery a učeníctva; zo strany kresťana je to prenechanie *dohľadu* cirkvi nad jeho životom a *podriadenie* sa jej. Môžete o tom premýšľať takto:

Výraz *podriadiť* sa je strašidelný, možno obzvlášť vtedy, keď ho vztiahneme na cirkev. Musíme ho však povedať. Keď sa stanete členom cirkvi, nepodriaďujete sa len vodcom alebo „inštitúcii" v nejakom vágnom byrokratickom zmysle. Podriaďujete sa rodine a všetkým jej členom. Je to spôsob, ktorým hovoríte: „Toto je konkrétna skupina kresťanov, ktorých pozývam do svojho života a žiadam ich, aby ma brali na zodpovednosť v nasledovaní Ježiša. Žiadam ich, aby prevzali zodpovednosť za môj kresťanský život. Keď budem znechutený, je teraz ich zodpovednosťou povzbudiť ma. Keď sa odchýlim z úzkej cesty, je ich zodpovednosťou napomenúť ma. Keď budem mať vážne finančné problémy, je ich zodpovednosťou starať sa o mňa."

Tento záväzok však platí obojstranne. Keď žiadate iných členov cirkvi, aby sa o vás starali, taktiež sľubujte, že sa budete starať aj vy o nich. Teraz ste súčasťou „cirkvi" na ľavej strane obrázka vyššie, ktorá potvrdzuje vlastných členov a dozerá na nich. Hneď sa k tejto myšlienke vrátime.

Taktiež by malo byť očividné – ak ste dávali dobrý pozor – že krst, Večera Pánova a členstvo v cirkvi k sebe patria. Existujú výnimky, avšak bežne zbory krstia ľudí do členstva a Večera Pánova je výsadou členov cirkvi, či už v domácom zbore alebo na návšteve v inom. Nakoniec tieto tri veci spolu fungujú za tým istým účelom: potvrdiť a vyčleniť Boží ľud. Spolu vyhlasujú krajinám na svete: „Tu sú občania nebeského kráľovstva."

NESTAČÍ PATRIŤ DO UNIVERZÁLNEJ CIRKVI?

Niekedy ľudia radi hovorievajú: „Nemusím sa pridať k cirkevnému zboru. Už patrím do Kristovej všeobecnej cirkvi." (Univerzálnou cirkvou teológovia nazývajú celé Kristovo telo na celom svete vo všetkých dobách.) Je to správne? Môžeme zabudnúť na miestny zbor, keďže sa všetci pri obrátení stávame členmi všeobecnej cirkvi?

Stručná odpoveď je nie. Je pravda, že sa *nemusíte* pridať k cirkevnému zboru, aby ste boli zachránení. Naše členstvo vo všeobecnej cirkvi je dar (Ef 2:11 – 22), rovnako ako spravodlivosť v Kristovi je darom, aj viera je darom. *Nemusíte* sa pridať k cirkevnému zboru, aby ste boli poslušní Písmu. Rovnako, ako si má naša viera „obliecť" dobré skutky (Kol 3:10, 12; Jak 2:14 - 16), mali by sme si „obliecť" naše všeobecné členstvo na konkrétnom mieste. Naše členstvo vo všeobecnej cirkvi nemôže ostať iba abstraktnou myšlienkou. Ak je skutočným, ukáže sa na zemi – v skutočnom čase na skutočnom mieste so skutočnými ľuďmi s menami ako Betka, Ján, Jozef a Zuzka. Lockdowny počas pandémie na tom nič nemenia.

Ak je vo vás Duch, chcete sa zaviazať Kristovmu telu. Takmer si neviete pomôcť. Pravé členstvo vo všeobecnej cirkvi vytvára členstvo v miestnom zbore, ktoré je spätne prejavom nášho všeobecného členstva. Môžeme to znázorniť takto:

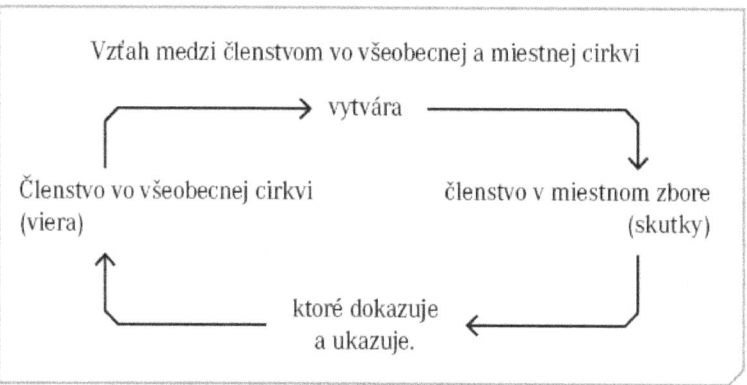

Vzťah medzi členstvom vo všeobecnej a miestnej cirkvi

vytvára

Členstvo vo všeobecnej cirkvi (viera)

členstvo v miestnom zbore (skutky)

ktoré dokazuje a ukazuje.

Podobne ako my asi máte priateľov, ktorí sa snažili žiť svoje kresťanstvo oddelene od cirkvi, a ich viera kúsok po kúsku vysychala až sa niekde úplne stratila. Mal som kamaráta, ktorého som povzbudzoval, aby sa pridal k môjmu zboru potom, čo ho navštevoval už niekoľko mesiacov. Odmietol, pretože sa mu nechcel zodpovedať. Medzitým sa zahrával s vážnym hriechom. Nie je prekvapením, že jeho návštevy boli stále zriedkavejšie, až tam prestal chodiť úplne. Nakoniec mi jedného dňa pri káve povedal: „Jonathan, už viac nie som kresťan, alebo aspoň nie kresťan tvojho typu."

Členstvo v cirkvi ponúka bezpečnosť ovčinca, kde je pastierom Kristus. Ponúka výživu, ktorá pochádza z nášho zapojenia sa do tela, ako ramena k trupu, kde Kristus je hlavou. Ponúka lásku rodiny, kde Kristus je prvorodeným z mnohých dedičov. Ponúka záväzky a povinnosti občianstva v svätom štáte, kde Kristus je Kráľom.

JE ČLENSTVO V CIRKVI SKUTOČNE BIBLICKÉ?

Ďalšia otázka, ktorú si ľudia kladú, je, či je členstvo v cirkvi vôbec spomenuté v Biblii. Možno si ju kladiete aj vy.

Ak by sme mali na odpoveď len dobu počas cesty výťahom, nasmerovali by sme vás na oddiely ako Matúš 18:17 a Prvý list Korinťanom 5:2, kde Ježiš a Pavol hovoria o zbavení ľudí členstva, alebo o tom, čo Pavol nazýva bytím „vnútri" cirkvi (v. 12). Alebo by sme poukázali na Skutky 2 a to, čo Lukáš vraví o troch tisícoch ľudí, ktorí sa „pridali" k cirkvi v Jeruzaleme (v. 41), alebo Skutky 6 a to, čo hovorí o zvolaní zhromaždenia (v. 2). Nie, výraz „členstvo v cirkvi" sa v Biblii nepoužíva tak, ako ho dnes používame my. Jeho význam je však implicitne prítomný v Novej zmluve všade tam, kde sa spomína slovo cirkev. Napríklad, keď Lukáš hovorí: „Cirkev sa zaňho ustavične modlila k Bohu" (12:5), alebo keď Pavol píše „cirkvám v Galácii" (Ga 1:2). Hoci nepoužívali nástroje, aké možno používame my dnes, ako napríklad členské prípravné hodiny, darčekové balíčky pre nových členov a zoznam mien v počítačovej tabuľke, vedeli, kým sú – meno po mene.

Avšak existuje väčší obraz, ktorý si musíte uvedomovať, aby ste chápali Božie zámery pre cirkevné zbory ako ten váš alebo náš, a ktoré sú omnoho väčšie ako si myslíme. V celej Biblii Boh stavia jasnú hranicu okolo svojho ľudu. Už na začiatku bola vyčlenená záhrada v Edene od priestoru mimo nej. Potom tu bola archa a priestor mimo nej. Boh dal priestor izraelskému ľudu v Egypte, v karanténe v Gošene a na druhej strane bol priestor mimo nej. Len sa zamyslite nad samotnými ranami. Niektoré dopadali len na Egypťanov, nie na Boží ľud. Boh povedal:

Len v kraji Gošen, kde býva môj ľud, urobím v ten deň výnimku. Tam muchy nebudú, aby si vedel, že ja, Hospodin, som uprostred krajiny. Urobím rozdiel medzi ľudom svojím a tvojím. (Ex 8:18 – 19)

Muchy! Boh použil muchy, aby urobil hranicu medzi svojím ľudom a nie-svojím ľudom. Potom Izrael cestoval na púšť, kde im dal zákony o čistote, aby urobil hranicu medzi táborom a priestorom mimo tábora. Nečistí ľudia museli ísť mimo tábora. Nakoniec ich umiestnil do zasľúbenej krajiny, ktorá tiež bola ohraničená priestorom mimo nej.

Boh vždy označoval a oddeľoval svoj ľud, aby ním tak ukazoval na svoju vlastnú slávu. Chce, aby tieto veľvyslanectvá vyčnievali. Nemôžeme sa potom čudovať, že Pavol používa tento starozmluvný spôsob vyjadrovania sa, keď hovorí:

Neťahajte cudzie jarmo s neveriacimi! Veď čo má spravodlivosť spoločné s ne-právosťou a aké spoločenstvo má svetlo s tmou? A aký je súlad Krista s Beliá-rom, a aký má podiel veriaci s neveriacim? Ako patrí k sebe Boží chrám a mod-ly? My sme predsa chrám živého Boha, ako hovorí Boh: Budem v nich prebývať a medzi nimi prechádzať sa, a budem ich Bohom a oni budú mojím ľudom. Preto vyjdite spomedzi nich a oddeľte sa, hovorí Pán, nečistého sa nedotýkajte a ja vás prijmem a budem vám Otcom a vy mi budete synmi a dcérami, hovorí všemohúci Pán. (2Kor 6:14 – 18)

Keď sa ľudia pýtajú, či je členstvo v cirkvi ukotvené v Biblii, často hľadajú niečo, čo sa podobá na program a pravidlá pre členov posilňovne, či nejaké-ho klubu. Nič také však v Biblii nenájdeme a bude najlepšie, ak sa takýchto očakávaní zbavíme. Namiesto toho si osvojme myslenie typu „chrám živého Boha," čo je obraz, ktorý používa Pavol pre opis toho, kým sme. Tento chrám nemôže „ťahať jarmo" alebo mať „spoločenstvo", „partnerstvo" alebo „byť za-jedno" s neveriacimi. Prečo? Pretože v tomto chráme býva Boh. Stotožňuje sa s ním. Áno, stále by sme na naše bohoslužobné zhromaždenia mali pozývať neveriacich (1Kor 14:24 – 25). Platí však, že cirkev musí mať jasno v tom, kto k nej patrí a kto nie, práve kvôli svedectvu, ktoré táto cirkev so sebou nesie. Boh chce, aby sme vyčnievali a odlišovali sa, aby sme mohli ponúkať príťažlivé a lákavé svedectvo svetu.

Členstvo v cirkvi je teda prítomné takmer na každej strane novozmluvných textov (ako predpokladaná skutočnosť), no hovorí sa o ňom inak, ako by sme očakávali. Členstvo v zbore je členstvom v rodine. Patria k nemu rodinné záväzky. Je to členstvo v tele. Patria k nemu všetky procesy súvisiace so spojením sa so všetkými ostatnými časťami. Každá biblická metafora pre cirkev nám pomáha chápať, čo členstvo je, a všetky sú nevyhnutné, pretože nič na svete nie je ako cirkev.

ČLENSTVO JE PRÁCA

Vráťme sa ešte raz k myšlienke, že cirkev je ako veľvyslanectvo či predsunutá základňa neba. Tu chceme povedať, že členstvo nie je len status. Je to úrad alebo práca – a očakáva sa od vás, že sa do práce dostavíte (Heb 10:24 – 25).

Pamätáte si, ako som vstúpil na americké veľvyslanectvo v Bruseli v Belgicku, odovzdal pas, ktorému vypršala platnosť, a potom dostal nový? Predpokladajte, že keď mi veľvyslanectvo dalo nový pas, potom ma zamestnalo ako úradníka kontrolujúceho pasy. To robí členstvo v cirkvi: dáva vám prácu, ktorou je ochraňovať, potvrdzovať a vyhlasovať dve známe otázky evanjelia – *čo* (vyznávame) a *kto* (je vyznávač). Ustanovuje vás do úradu.

Kde sa tento úrad vzal? Odpoveď na túto otázku nám pomáha vidieť, ako celá Biblia drží pokope. Spomeňte si na Boží pokyn Adamovi v 1. kapitole knihy Genezis, aby sa plodili, množili a vládli nad zemou (v. 28). Mal byť *kráľom* (pozri tiež Ž 8). Potom si spomeňte na Boží pokyn Adamovi v 2. kapitole Genezis, aby záhradu „obrábal a strážil" (v. 15). Adam mal byť aj *kňazom*, ktorý mal udržiavať miesto, kde Boh prebýva, sväté. Boh chcel, aby Adam bol kráľ-kňaz.

> *Adamova práca ako kráľa: podmaniť si nové územie*
> *a vládnuť nad ním.*
>
> *Adamova práca ako kňaza: udržiavať Záhradu,*
> *kde Boh prebýva, svätou.*

Pravdaže, Adam v tejto práci zlyhal. Vpustil dnu hada. Noach, Abrahám a izraelský národ taktiež zlyhali. Potom prišiel Kristus a dokonale splnil prácu kňaza a kráľa a potom nám dal úlohu byť tiež kráľmi-kňazmi. „Ste... kráľovské kňazstvo" (1Pt 2:9).

Toto je pozoruhodné: vaša úloha ako člena cirkvi je Adamova pôvodná úloha, len je to verzia novej zmluvy, ktorú vám dáva Kristus. Máme rozširovať hranice záhrady ako králi a zároveň na záhradu dohliadať ako kňazi.

Ako králi sa snažíme získavať učeníkov a byť veľvyslancami prinášajúcimi zmierenie. Naším cieľom je privádzať ďalšie srdcia k poddanosti Bohu, privádzať nové zeme pod vládu evanjelia. Budeme o tom uvažovať viac v 8. kapitole, ktorá je o Veľkom poverení (Mt 28:18 – 20; 2Kor 5:18 – 20).

Naša kráľovská úloha ako členov: získavať učeníkov, rozširovať kráľovstvo.

Naša kňazská úloha ako členov: udržiavať evanjeliové otázky *kto* a *čo*, ochraňovať kráľovstvo.

Naša kňazská úloha je dohliadať na miesto, kde prebýva Boh, teda cirkev. Máme udržiavať svätosť oddelenú od ne-svätosti v našich spoločných aj jednotlivých životoch starostlivosťou o *„čo* a *kto"* evanjelia. V kongregačnom zbore to znamená, že pomáhate rozhodovať o tom, kto je člen a kto nie. V každom zbore to znamená, že pomáhate iným členom žiť v svätosti a robiť všetko, čo môžete, aby ste pomohli svojmu zboru sústrediť sa na evanjelium (Sk 17:11). Viac o tom budeme premýšľať v ďalšej kapitole o cirkevnej disciplíne (1Kor 3:16 – 17; 2Kor 6:14 – 7:1).

To hlavné, čo si teraz potrebujete pamätať, je, že členstvo v zbore nie je pasívna vec. Nie je to len status. Nie je ako členstvo v súkromnom spoločenskom klube, nákupnom klube alebo programe odmien. Je to zamestnanie, kde naozaj pracujete. Potrebujete pracovné školenie. Potrebujete sa do toho zapojiť mysľou aj srdcom. Potrebujete myslieť na to, ako ľudí zasiahnuť. Čo tento týždeň vytvoríte? Ste na osoh celému tímu a robíte si svoju prácu, alebo sa len flákate?

Ďalej platí, že ak je vašou úlohou dohliadať na spomínané *„čo a kto"*, potrebujete študovať a rozumieť evanjeliu. Čo z neho vyplýva? Čo ho ohrozuje? Ako to súvisí s ďalšími doktrínami viery, ako je Trojica, hriech a posledné časy? Čo to znamená pre vašu prácu, občiansky život alebo výchovu detí? Ako vyzerá skutočná viera v živote ľudí na rozdiel od falošnej, nominálnej viery? Viete rozoznať člena cirkvi, ktorý upadne do hriechu, pretože je slabý, od člena, ktorý ide za hriechom, lebo je zlý – teda vlk v ovčom rúchu? Viete, ako na tieto dva typy ľudí reagovať? Spoznáte rozdiel medzi pravým a falošným učiteľom?

Navyše je dôležité odpovedať si aj na ďalšie otázky – poznáte iných členov vášho zboru a investujete svoj život do ich životov? Dovolíte, aby vám menili vaše plány? Pomáhate im finančne, keď majú problémy? Alebo ste v podstate celý týždeň utiahnutý do seba a svoje zapojenie sa do cirkvi vnímate len ako tých 90 minút v nedeľu?

Prípravou na kariéru sme strávili roky v škole, niekedy na univerzite. Štyridsať hodín týždenne trávime oddávaním sa práci, pričom sa stále učíme, školíme a rastieme. To všetko je dobré. Ako by to však mohlo vyzerať, keby sme boli rovnako sústredení, cieľavedomí a usilovní v našej práci ochraňovať Božích ľudí evanjelia a rozširovať vládu evanjelia?

VÁŽNA ÚLOHA

Keď sa chce niekto pridať do zboru, v ktorom som kazateľom, na konci členského pohovoru poviem niečo takéto:

Priateľu, pridaním sa k tomuto zboru sa staneš spoluzodpovedným za to, či toto zhromaždenie bude naďalej verne ohlasovať evanjelium. To znamená, že sa staneš spoluzodpovedným za to, čo tento zbor vyučuje a za to, či jeho členovia ostávajú vernými evanjeliu. Jedného dňa budeš stáť pred Bohom a zodpovedať sa za to, ako si plnil túto zodpovednosť. Potrebujeme viac rúk pri žatve, preto dúfame, že sa k nám v tej práci pridáš.

Členský pohovor je ako pracovný pohovor. Skôr ako dal Ježiš Petrovi prácu budovať jeho cirkev, opýtal sa Petra, kto je podľa neho Ježiš. Mali by sme robiť to isté: dávať pozor na to, aby ľudia vedeli, kým je Ježiš a aby vedeli, do akej práce sa púšťajú pripojením sa k cirkvi.

ODPORÚČANÉ ČÍTANIE

Leeman, Jonathan. *Členstvo v zbore: Ako vieme, kto reprezentuje Ježiša?* Bratislava: Porta libri, 2020.

McCracken, Brett. *Uncomfortable: The Awkward and Essential Challenge of Christian Community.* Wheaton, IL: 2017.

6
Je cirkevná disciplína skutočne prejavom lásky?

Jonathan Leeman

Cirkevný zbor je skupina kresťanov,

ktorí sa stretávajú ako pozemské veľvyslanectvo
Kristovho nebeského kráľovstva,

aby ohlasovali dobrú správu o Kráľovi Kristovi
a Jeho prikázania,

aby si navzájom potvrdzovali členstvo v ňom cez sviatosti

a ukazovali svätosť a lásku samého Boha

cez zjednotený a rôznorodý ľud

v celom svete

pri nasledovaní vyučovania a príkladu starších.

Výraz „cirkevná disciplína" vás môže zmiasť. *Naozaj cirkvi vyžadujú disciplínu?* pýtate sa. *A môže byť vôbec disciplína prejavom lásky?*
Cirkevná disciplína je v skutočnosti nevyhnutnou časťou kresťanského učeníctva. Všimnite si, ako sa slová učeník (angl. *disciple*) a disciplína (angl.

discipline) v angličtine podobajú. Slovo učeníctvo znamená vyučovanie aj naprávanie. Ľudia však slovom „disciplína" bežne označujú len tú nápravnú časť. Aj vyučovanie, aj naprávanie sú však pre rast nevyhnutné. Čo myslíte, ako by napredovali študenti s učiteľom matematiky, ktorý im učivo vysvetlí, ale nikdy im neopraví chyby? Alebo s inštruktorom golfu, ktorý by predviedol údery palicou, ale nikdy by neposkytol spätnú väzbu tým študentom, ktorí by to stále zbabrali?

Získavanie kresťanských učeníkov rovnako obsahuje vyučovanie a naprávanie, no ľudia používajú výraz „cirkevná disciplína" v tom druhom význame – naprávanie hriechu. Proces uplatňovania disciplíny začína osobnými varovaniami. Napríklad, raz si so mnou sadla jedna priateľka na lavičku na chodbe v našej cirkevnej budove a povedala: „Niekedy bývaš veľmi skúpy" a potom vymenovala viacero konkrétnych príkladov. Nepočúvalo sa to ľahko, ale moja priateľka mala pravdu a svojou otvorenosťou mi pomohla rásť. Tento proces končí, keď človek robí pokánie, alebo, keď je to nevyhnutné, zbor zbaví nekajúcneho človeka členstva a účasti na Večeri Pánovej.

Ľudia niekedy budú používať výraz „cirkevná disciplína" na užšie označenie len toho posledného kroku. Napríklad môžu povedať, že „sme uplatnili na Jozefa zborovú disciplínu." Znamená to, že Jozefa zbavili členstva a prístupu k Večeri Pánovej. Taktiež môžu použiť slovo *exkomunikácia* (ex-komunita) na označenie tohto posledného kroku.

Cirkevná disciplína v tejto poslednej fáze je opačnou stranou členstva v cirkvi. Spomeňte si, čo sme vraveli v predošlej kapitole: k členstvu patrí *potvrdzovanie* vyznania viery. Uplatnenie poslednej fázy cirkevnej disciplíny znamená *odobratie* tohto potvrdenia pre hriech, ktorý je (1) bez pokánia, (2) je ho možné overiť a (3) je závažný. Ak cirkev niekoho zbaví členstva, určite tým nevyhlasuje, že už viac nie je kresťanom. Cirkvi nemajú röntgenové videnie ako Svätý Ducha, ktorý vidí do našich sŕdc. Namiesto toho cirkev hovorí: „Už nie sme ochotní verejne potvrdzovať tvoje vyznanie viery. Ten konkrétny hriech v tvojom živote, ktorý odmietaš opustiť [kritérium 1], o ktorom nespochybniteľne svedčia fakty [kritérium 2], je natoľko závažný [kritérium 3], že podkopáva hodnovernosť tvojho vyznania."

Čo však znamená, že je závažný? Určite je potrebné ku každému prípadu pristupovať individuálne. Základom však je, že niektoré hriechy bez pokánia robia vyznanie viery nedôveryhodným alebo neuveriteľným a iné nie. Cirkev by pravdepodobne nemala vylúčiť manžela, ktorý sebecky poje všetku zmrzlinu v dome napriek citlivým námietkam svojej ženy – čo je určite *čisto* hypotetický príklad. Cirkev by však mala exkomunikovať manžela, ktorý opustí svoju manželku.

Bežne by niekto, kto je exkomunikovaný zo zboru, mal mať slobodu navštevovať verejné stretnutia toho zboru (pokiaľ vylúčime fyzické, občianske a iné druhy ohrozenia). Už však nie je považovaný za člena. Nemal by sa už zúčastňovať Večere Pánovej. Rozhovory na chodbe by už nemali byť jednoduché a nezáväzné – ak nejaké vôbec sú. Mali by byť poznačené triezvosťou a vážnymi výzvami k pokániu.

Pri uplatňovaní cirkevnej disciplíny nejde o trest alebo odplatu o nič viac, ako o ne nejde pri nedostatočnej známke v triede. Pri disciplíne, tak ako pri nedostatočnej známke, ide o vedenie ľudí k pokániu. Ako hovorí Pavol: „Vydať satanovi na záhubu tela, aby bol duch v Pánov deň zachránený“ (1Kor 5:5).

Navyše popri dobrom dopade, ktoré má cirkevná disciplína na jednotlivca žijúceho v hriechu, má dobrý dopad aj na cirkev ako celok, obzvlášť na tých, ktorí sú zneužití alebo zranení inými ľuďmi. V posledných rokoch ľudia opustili cirkev aj pre jej ľahostajnosť voči zneužívaniu. Len si dajme pozor, aby sme s vodou nevyliali z vaničky aj dieťa. Namiesto toho pomôžte svojmu zboru posunúť sa k takej biblickej vízii pre váš zbor, kde sa zneužívanie schová len veľmi ťažko a pre zraniteľných členov bude navyše spoločenstvo zhromaždenia to najbezpečnejšie miesto. K takejto biblickej vízii patrí kultúra učeníctva a disciplíny, kde členovia žijú otvorene a transparentne. Navyše vedia, že svoje hriechy môžu vyznávať už vtedy, keď predstavujú v ich životoch len morálne pukliny a nie až vtedy, keď sa z puklín stanú priekopy. Taký zbor má taktiež všeobecne známy a transparentný proces pre venovanie sa „väčším“ hriechom, keď k ním dôjde, ktorý pri neúspešnom riešení končí verejným oznámením, či až vylúčením.

LÁSKA V SVETSKOM PONÍMANÍ

To bolo rýchle zhrnutie cirkevnej disciplíny. Teraz by sme chceli venovať zvyšok kapitoly diskusii o cirkevnej disciplíne v širšom kontexte diskusie o láske. V dnešnej dobe je pre nás disciplína ťažko prijateľná, pretože nám pripadá neláskavá.

Prvú skúsenosť s cirkevnou disciplínou som mal v neskorých 90. rokoch, keď som bol single. Vychutnával som si obed s dobrým kamarátom, s ktorým som chodieval behať. Rozprávali sme sa o tom, ako zvyknem randiť a spýtal som sa tiež na jeho skúsenosti. Priznal sa mi, že čo sa vzťahov týka, žil hriešnym životom. Keď som sa ho spýtal, či vie, čo o tom hovorí Biblia, odpovedal, že to vie. Bol však presvedčený, že Biblia sa mýli. Odmietol sa obrátiť. O niekoľko dní som vzal iného dobrého priateľa, aby sme ho opäť konfrontovali, ale stretli sme sa s rovnakou odpoveďou. Nakoniec sa do toho zapojili aj starší zboru. Dostali rovnakú odpoveď. Nakoniec starší predostreli tento prípad zboru. Zbor dal môjmu priateľovi dva mesiace na pokánie. Neurobil ho. A tak sa zbor rozhodol zbaviť ho členstva ako akt disciplíny. Jeho hriech spĺňal všetky tri kritériá: bol *bez pokánia*, bol overiteľný, teda všetci sa zhodli na faktoch, a bol natoľko *závažný*, že podrýval hodnovernosť jeho vyznania.

Počas tých mesiacov som si niekedy kládol otázku, či sme sa správali dostatočne milujúco. Uplatňovanie cirkevnej disciplíny tak niekedy nevyzerá. Kultúrne inštinkty mi šepkali, že som k nemu nepristupoval s láskou a zhovievavosťou.

Náš svet pod láskou rozumie oheň, ktorý cítite, keď stretnete človeka stvoreného Bohom alebo vesmírom práve pre vás. „Nastáva", keď stretnete človeka, ktorý vás „robí úplným". Láska taktiež dovoľuje niekomu ísť za svojím vlastným ohňom, nech ním je čokoľvek.

Pre nájdenie lásky je preto potrebné poznať samého seba, prejaviť samého seba a realizovať sa. Ak pre lásku potrebujete odhodiť rodičov, triedu, cirkev, tradičný pohľad na morálku či dokonca spoločnosť ako celok, nech sa stane. Láska vyžaduje, aby ste spravili, čo je pre vás dobré.

Láska nikdy nesúdi, hovorievame. Láska ľudí oslobodzuje. Je to najvyšší tromf, argument, ktorý porazí všetky argumenty, najvyššie ospravedlnenie čohokoľvek, čo chcete urobiť najviac zo všetkého. „Ale ja to milujem...", „Ak sa naozaj milujú, tak by sme, samozrejme, mali akceptovať...", „Ak je Boh milujúci, potom by určite nie..."

Láska, teda aspoň podľa našej definície, je jedným veľkým nesporným zákonom. Svet neverí, že Boh je láska, ale že láska je boh.

Je smutné, že lásku takto definuje nielen kultúra „tam vonku", ale veľmi často takémuto chápaniu lásky podľahnú aj kresťania.

Aby sme vám pomohli nanovo objaviť cirkev, chceme vás v tejto kapitole presvedčiť o troch veciach. Po prvé, cirkevná disciplína je biblická. Po druhé, je milujúca. Hoci zbor nie vždy uplatňuje cirkevnú disciplínu milujúcim spôsobom, prax, ako ju ustanovil Ježiš, je určite milujúca. Po tretie, a toto je najpozoruhodnejšie zo všetkého, učí nás o Božej svätej láske.

Na záver budeme uvažovať, čo toto všetko prakticky znamená pre vás.

JE DISCIPLÍNA SKUTOČNE BIBLICKÁ?

Po prvé, naozaj vychádza cirkevná disciplína z Biblie? Áno.

Matúš 18. Ježiš otvára túto tému v 18. kapitole Evanjelia podľa Matúša pri vyučovaní o tom, ako dobrý pastier opustí deväťdesiatdeväť oviec v stáde, aby hľadal jednu stratenú (v. 10 – 14). Ako však budeme hľadať tú jednu stratenú? Ježiš odpovedá:

> Keby sa prehrešil tvoj brat, choď za ním a napomeň ho medzi štyrmi očami. Ak ťa poslúchne, získal si svojho brata. Ak ťa neposlúchne, vezmi so sebou ešte jedného alebo dvoch, aby každý výrok bol založený na výpovedi dvoch alebo troch svedkov. Ak by ani ich neposlúchol, povedz to cirkvi. Ak by neposlúchol ani cirkev, nech ti je ako pohan alebo mýtnik. (v. 15 – 17)

Všimnite si, že Ježiš chce, aby celá záležitosť prebehla čo najtichšie. Taktiež je však ochotný priniesť túto záležitosť pred celý cirkevný zbor. Všetci sa podieľame na vzájomnom potvrdzovaní, pretože máme rovnaké rodinné meno. Sme jeden za druhého zodpovední ako rôzne časti tela. Všimnite si tiež, že Ježiš uznáva náležitý proces. Vec musia dosvedčiť dvaja alebo traja svedkovia, ako to bolo pri súdnom procese v Starej zmluve (Dt 19:15). Nechce, aby v cirkvi vládli falošné obvinenia alebo davová spravodlivosť. Nechce tiež, aby pastori ponúkali svoje vlastné výklady ľudského charakteru: „Je pyšný". Nie, hriech musí byť overiteľný a fakty nespochybniteľné.

1. Korinťanom 5. Pavol učí rovnakú vec v Prvom liste Korinťanom v 5. kapitole. Konfrontuje zbor v Korinte s členom, ktorý spáva s manželkou svojho otca (v. 1). Zbor o tejto situácii už vie, ale z nejakého dôvodu sú jeho členovia na seba pyšní. Možno si myslia, že sa správajú láskavo a tolerantne.

Každopádne, Pavol hovorí, že by nemali byť pyšní. Namiesto toho by mali muža, ktorý sa toho dopustil, „vylúčiť spomedzi seba" (v. 2).

Ako máme vysvetliť skutočnosť, že Pavlov proces je oveľa rýchlejší než Ježišov? Neexistuje jediný proces cirkevnej disciplíny, ktorý by bol uplatniteľný vo všetkých prípadoch.

Ku každému treba pristupovať opatrne a múdro a venovať pozornosť konkrétnym faktom daného prípadu a dôležitým okolnostiam. Nestačí, aby bol zbor milujúci. Musí byť aj múdry.

1. Korinťanom 5 nám tiež pomáha vidieť zámer disciplíny. Po prvé, disciplína odhaľuje hriech (pozri v. 2), ktorý sa podobne ako rakovina rád skrýva.

Po druhé, disciplína varuje pred ešte väčším blížiacim sa súdom (v. 5).

Po tretie, disciplína zachraňuje. Je tým posledným prostriedkom, po ktorom siahne cirkev, keď všetky ostatné varovania ostali nevypočuté.

Po štvrté, disciplína chráni iných členov zboru. Rovnako, ako sa rakovina šíri od jednej bunky k druhej, hriech sa rýchlo šíri od jedného človeka k druhému (v. 6).

Po piate, disciplína zachováva svedectvo cirkvi, ak cirkev začína žiť podľa spôsobov sveta (pozri v. 1). Veď nakoniec cirkvi majú byť soľou a svetlom. „Ak soľ stratí chuť," povedal Ježiš, „čo jej dodá slanosť? Už nie je na nič súca, len ju vyhodiť von, aby ľudia po nej šliapali" (Mt 5:13).

CIRKEVNÁ DISCIPLÍNA NÁS UČÍ O BOŽEJ LÁSKE

Hlavou môžeme byť presvedčení, že nám Ježiš dal zborovú disciplínu, ale stále sa môžeme báť nasledovať jeho učenie, pretože iné inštinkty nám našepkávajú, že disciplína nie je milujúca. Skoro ako keby sme si mysleli, že milujeme viac, ako miloval Ježiš.

Tieto inštinkty potrebujeme zmeniť. Položme si preto otázku: je cirkevná disciplína naozaj milujúca?

Písmo jasne spája disciplínu (výchovu) s láskou: „Koho Pán miluje, toho prísne vychováva" (Heb 12:6). Boh nevníma lásku a disciplínu ako veci v rozpore, ale učí, že láska je motiváciou pre disciplínu.

Autor listu Hebrejom opisuje disciplínu ako milujúcu, pretože nám pomáha rásť v svätosti, spravodlivosti a pokoji: „[Boh] nás vychováva nám na úžitok, aby sme mali účasť na jeho svätosti. Pravda, nijaká prísna výchova v tej chvíli sa nezdá radostná, ale trpká; neskôr však prináša ovocie pokoja a spravodlivosti tým, ktorých vycvičila" (Heb 12:10 – 11). Výraz „ovocie pokoja a spravodlivosti" nám pripomína pestré ovocné sady. Neznie to ako nádherný obraz?

Biblia vlastne hovorí viacero vecí, ktoré sa nezhodujú s našou kultúrou v jednoduchej rovnici *láska = vyjadrenie seba samého*. Hovorí, že láska sa neteší zo zla, ale raduje sa z pravdy (1Kor 13:6). Opisuje lásku ako partnerku pravdy (2Jn 1 – 3). Môžete povedať, že milujete, ale ak nežijete podľa pravdy, ale tešíte sa naopak z niečoho, čo Boh nazýva zlom, očividne nemilujete tak veľmi, ako si myslíte.

Sám Ježiš spája lásku s dodržiavaním Božích zákonov. O sebe povedal: „Aby svet poznal, že milujem Otca, robím tak, ako mi prikázal Otec" (Jn 14:31). To isté hovorí o nás: „Kto prijal moje prikázania a zachováva ich, ten ma miluje" (v. 21). Dokonca nám hovorí, že ak budeme dodržiavať jeho prikázania, budeme zotrvávať v jeho láske (15:10). Ján hovorí, že ak budeme dodržiavať Božie slovo, Božia láska sa v nás stala dokonalou (1Jn 2:5).

Na základe takýchto oddielov sa zdá, že väčšina z nás potrebuje radikálnu zmenu v tom, ako chápeme lásku. Láska (rovnako ako viera) v Biblii vedie k poslušnosti a poslušnosť je znakom lásky (a viery), ako je to zobrazené tu:

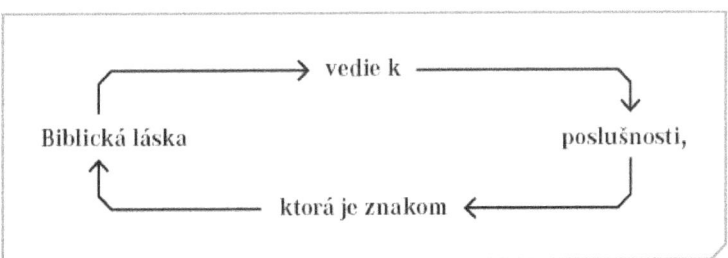

Spomeňte si na biblickú lekciu „Boh je láska" (1Jn 4:16). Ľuďom, ktorí tvrdia, že milujú Boha, no odchádzajú od neho, najviac preukážeme svoju lásku tak, že sa budeme snažiť opraviť ich myslenie a povieme im: „Nie, nie, nie. Boh je láska. Ak chceš lásku, musíš sa vrátiť k Bohu." Tí, ktorí odporujú Bohu a neposlúchajú ho, utekajú preč od lásky. Vyberajú si niečo iné a nie lásku, aj keď to láskou nazývajú.

Ak je Boh láska, tak svoju lásku voči druhým najlepšie prejavíme tak, že ich učíme všetko to, čo prikazuje Boh, aby aj oni mohli žiť na Boží obraz.

Ak je Boh láska, tak svoju lásku voči nim najlepšie vyjadríme, keď ich budeme navracať na cestu k Bohu, z ktorej zišli.

Ak je Boh láska, tak našu lásku pocítia dokonca aj vtedy, keď ich zbavíme členstva v cirkvi, kvôli tomu, že trvajú na svojich vlastných túžbach viac než na Božích, a ich jediná nádej na život a lásku je uznať, že sa oddeľujú od Boha.

Určite potom platí, že by zbory mali uplatňovať cirkevnú disciplínu pre lásku:

- láska kvôli hriešnikom, aby mohli robiť pokánie;
- láska kvôli iným členom zboru, aby neboli zvedení;
- láska kvôli blížnym nekresťanom, aby v cirkvi nevideli len viac svetskosti;
- láska kvôli Kristovi, aby sme jeho meno reprezentovali správne.

BOŽIA SVÄTÁ LÁSKA

Na Božej láske je jedna špecifická vec, ktorú nás cirkevná disciplína učí a ktorá veľmi často chýba v našich definíciách: Božia láska je svätá. Nemôžete mať Boha bez jeho svätosti. Jeho láska slúži jeho svätým účelom a jeho sväté účely sú milujúce. Niekedy ľudia dávajú do protikladu takzvané „zbory svätosti" a „zbory lásky". To sa však nedá. Ak zboru chýba jedno alebo druhé, nemá ani jedno.

Vzťah medzi láskou a svätosťou nám tiež pomáha porozumieť dlhodobej biblickej téme vylúčenia a vyhnanstva. Oddiely ako Matúš 18 a Prvý list Korinťanom 5 nám neukazujú, že by Boh robil niečo nové alebo iné. Ukazujú malý zlomok z toho, čo Boh robil vždy. Vždy zo svojej prítomnosti odstraňoval hriech. Boh vyhnal Adama a Evu zo záhrady, keď zhrešili. Padlému svetu nedovolil vojsť do Noachovej archy. Vylúčil Kanaánčanov zo zasľúbenej zeme a nakoniec z nej vylúčil aj svoj vlastný ľud. Všetky zákony pre svätostánok slúžili na vylučovanie vecí, ktoré boli nečisté a nesväté. Boh navyše sľubuje, že v posledný deň vylúči všetkých, ktorých viera nespočíva na dokonanom diele Kristovho vteleného života, zástupnej smrti a na vzkriesení, ktoré porazilo smrť.

Je tu však aj druhá strana mince. Tak, ako Boh vylúčil hriech a hriešnikov, zároveň k sebe pritiahol ľud za účelom jeho pretvorenia na svoj obraz, aby mohol odrážať jeho svätú lásku národom – aby platilo, že „zem bude naplnená poznaním Hospodinovej slávy, ako sú moria zaliate vodami" (Hab 2:14). Ako však dôjde k tomu, že zem bude takto naplnená? Spomeňte si na Boží príkaz Adamovi a Eve naplniť zem: nositelia jeho obrazu, znovu narodení z Ducha, naplnia tento pôvodný mandát a budú všade ukazovať jeho milujúci, láskavý a svätý obraz.

Naše zhromaždenia, ako pripináčiky na mape, sú toho začiatkom. Sú veľvyslanectvami Božej slávnej svätej lásky. Ako nám hovorí Pavol, samotný Boží zámer pre cirkev je, „aby sa teraz kniežatstvám a mocnostiam v nebesiach skrze Cirkev ohlasovala mnohotvárna múdrosť Boha" (Ef 3:10). Pavol sa potom modlí, aby sme pre tento účel mali silu „so všetkými svätými pochopiť, aká je to šírka, dĺžka, výška a hĺbka, a poznať Kristovu lásku, ktorá prevyšuje poznanie" (v. 18 – 19). Ukazovať Božiu múdrosť a slávu znamená poznať a zakúšať Kristovu lásku – jej šírku, dĺžku, výšku a hĺbku.

ČO TO ZNAMENÁ PRE VÁS

O cirkevnej disciplíne sa dá naučiť ešte viac. Kedy nastáva obnova? (Keď nastáva pokánie). Ako cirkev uplatňuje disciplínu? (Zapojením čo najmenšieho počtu ľudí, prezumpciou neviny, zverením celého procesu do rúk starších, zapojením nakoniec celej cirkvi a ďalšími vecami.) Chceli sme, aby ste do toho aspoň načreli.

Na základe záverečnej analýzy platí, že cirkevná disciplína je tvrdá, ale milujúca. Chráni ľudí pred sebaklamom. Raz som s manželkou musel konfrontovať našu blízku priateľku vo veci hriešneho rozhodnutia, ktoré urobila na pracovisku. Odmietla našu nápravu. Zapojili sme dvoch ďalších priateľov a potom ešte dvoch. Vždy odmietla našu lásku. Viackrát počas toho niekoľkotýždňového procesu som mal žalúdočné nevoľnosti a nemohol som spať – a nič z toho sa mi nestáva bežne. Avšak pokračovali sme, pretože sme boli presvedčení, že Boh miluje viac ako my, je tiež múdrejší ako my a preto môžeme dôverovať jeho slovu. Je úžasné, že táto žena sa nakoniec vrátila a povedala nám, že odmietla toto hriešne pracovné rozhodnutie. Chvála Bohu! Bolo to tvrdé, ale stálo to za to.

Avšak okrem ochrany ľudí pred sebaklamom cirkevná disciplína ochraňuje zraniteľných pred tými, ktorým by mohli padnúť za obeť. Čitatelia si možno spomenú na hnutie #MeToo z roku 2018, ktoré využili obete sexuálneho násilia na vyjadrenie svojich sťažností. Označenie #ChurchToo prišlo krátko potom. Viac a viac ľudí začalo vyzývať zbory, aby riešili svoje vlastné hriešne zanedbávanie. Ak je zneužívanie hrozné, tak zbor, ktorý ho ignoruje, je minimálne rovnako zlý. Dôvod je jasný – Boh poveril zbory, aby boli miestom odčinenia, nápravy a obnovy každého nespravodlivého zaobchádzania, ktoré na nás svet hádže, vrátane zneužívania a napádania. Táto výzva bola nepochybne užitočná a bolo dobré, že ju zbory počuli. Vďaka Bohu, veľa zborov má úspešnú históriu rozhodného a rýchleho riešenia týchto problémov. Iné ju nemajú. Ostávajú nepripravenými a pomalými. Alebo, čo je ešte horšie, odmietajú vnímať tento problém. V oboch prípadoch však cestou vpred nie je opustiť zbory. Riešením je snaha o to, aby zbory otvárali Bibliu a používali každý nástroj, ktorý Boh dal, na prevenciu zneužívania (v tom najlepšom prípade) alebo na vedenie procesu reakcie na zneužívanie (v tom najhoršom prípade): kultúru učeníctva a disciplíny. Cirkev, ktorá pokorne, milujúco a zodpovedne uplatňuje disciplínu, by ani nemala potrebovať hnutia #MeToo alebo #ChurchToo.

Čo si z toho všetkého máte zobrať vy? Starajte sa o budovanie vzťahov s inými členmi zboru, aby ste ich poznali a aby oni poznali vás. Dôvera vzniká pri pokore a úprimnosti v rozhovoroch. Pracujte na tom, aby ste boli človekom, ktorý sa nechá ľahko zastaviť a zmeniť. Ak takým nebudete, vaši blízki rýchlo zistia, že naprávať vás nemá zmysel, či je dokonca nebezpečné, a prestanú s tým. Nakoniec vám však nebude nikto (a nič) chrániť chrbát!

Nechajte ľudí, aby vás poznali. Dovoľte im dávať vám kritickú spätnú väzbu. Vyznávajte hriechy. Riskujte, že sa strápnite. Povzbudzujte ostatných v ich nasledovaní Krista. Majte ochotu viesť nepríjemné rozhovory, pri ktorých citlivo a jemne konfrontujete hriech. Znamená to, že začnete otázkami, nie obvineniami, aby ste sa uistili, že veciam rozumiete správne.

Toto nie je úloha len pre kazateľa, ale pre každého člena. Keď vy aj ostatní členovia budete žiť podľa týchto pravidiel, uplatňovanie cirkevnej disciplíny vo väčšine prípadov neprekročí rámec dvoch ľudí. Starší sa o nej nikdy nedopočujú. Telo bude fungovať, ako má, a každá časť bude budovať telo v láske

(Ef 4:15 – 16). Kúsok po kúsku, od jedného stupňa slávy k druhému sa vaše zhromaždenie stane veľvyslanectvom, ktoré ukazuje Božiu svätú lásku.

ODPORÚČANÉ ČÍTANIE

Leeman, Jonathan. *Understanding Church Discipline.* Nashville: B&H, 2016.

Leeman, Jonathan. *The Rule of Love: How the Local Church Should Reflect God's Love and Authority.* Wheaton, IL: Crossway, 2018.

7
Ako mám milovať členov, ktorí sú iní?

Collin Hansen

Cirkevný zbor je skupina kresťanov,

ktorí sa stretávajú ako pozemské veľvyslanectvo
Kristovho nebeského kráľovstva,

aby ohlasovali dobrú správu o Kráľovi Kristovi
a Jeho prikázania,

aby si navzájom potvrdzovali členstvo v ňom cez sviatosti

a ukazovali svätosť a lásku samého Boha

cez zjednotený a rôznorodý ľud

v celom svete

pri nasledovaní vyučovania a príkladu starších.

Predstavte si, že vašou úlohou je vybudovať zbor tak rýchlo, ako sa len dá. Vaším hlavným cieľom je číselný rast. Chcete získať ľudí? Akú stratégiu zvolíte?

Pravdepodobne začnete vyučovaním, však? Dnes si môžete získať celosvetové publikum cez knihy, podcasty a videá. Možno dokonca dospejete k záveru, že prejsť k virtuálnemu zboru je tou najlepšou cestou k vyšším číslam. Vybudovať zbor okolo jednej dynamickej osobnosti, učiteľa, je zrejme najrýchlejší spôsob, ako vybudovať veľkú komunitu. Nie je to však jediný spôsob. Zamyslite sa nad hudbou. Veľa zborov zaspalo v minulosti s ich takzvanými chválami. Rozhodnete sa preto, že vo vašom zbore bude znieť len najnovšia, najšpičkovejšia hudba. Zamestnáte tím vyše dvadsiatich hudobníkov a dokonca ich budete povzbudzovať, aby svoju hudbu vydali digitálne. Váš zbor si tak získa online základňu fanúšikov, ktorá hádam zlepší reputáciu vášho zboru v oblasti inovácií a rastu.

A čo komunita? Ľudia vravia, že chcú hudbu a vyučovanie, ale v skutočnosti potrebujú priateľov. Nezabezpečuje sa to však ľahko, keď sú všetci zaneprázdnení prácou a cestovaním. Napriek tomu sa zdá, že skupinky sú najefektívnejším spôsobom, ako pomôcť ľuďom spoznávať sa. Ako ich však zorganizujete? Môžete ľudí pospájať geograficky. Niektoré už existujúce skupinky priateľov by sa mohli prispôsobiť. Avšak najlepší spôsob je usporiadať ich podľa životného obdobia alebo záujmov. Všetky mladé rodiny s deťmi dajte spolu. Všetkých single ľudí dajte spolu do jednej skupiny a dôchodcov do druhej. Vytvorte skupinku ľudí, ktorí radi jazdia na motorkách. Vytvorte inú pre tých, čo radi štrikujú. Možnosti sú nekonečné. Nakoniec ľudí pritiahne vaša cirkev pre pestrú škálu programov, ktorú ponúkate. Budete mať najlepšiu prácu s deťmi a mládežou v meste, takže rodičia prestúpia do vášho zboru. Zaveďte nedeľné večerné bohoslužby, aby muži, ktorí majú radi golf, mali voľné nedeľné rána. Nájdite čo najviac spôsobov, ktorými sa budú ľudia môcť zapojiť do vášho zboru bez toho, aby museli meniť spôsob života, a uvidíte, ako rýchlo váš zbor porastie.

Tento myšlienkový experiment vám pomáha nahliadnuť do myslenia mnohých dnešných cirkevných vodcov. Začali sme s cieľom, ktorým bol číselný rast. Zachytili ste však východisko všetkých týchto stratégií? Ľudia radi trávia čas s podobnými ľuďmi. Cítia sa pohodlne v známych, predvídateľných situáciách. Chcú byť s ľuďmi, ktorí vedú rovnaký spôsob života, počúvajú rovnakú hudbu a kladú rovnaké otázky o manželstve, rodičovstve a chodení – a často majú rovnakú farbu pleti. Najrýchlejší, najefektívnejší spôsob, ako vybudovať veľký zbor, je identifikovať segment populácie, ktorý má rovnaké záujmy, a prispôsobiť sa mu vo vyučovaní, spievaní a budovaní priateľstiev.

Toto je dôvod, prečo musíme nanovo objaviť cirkev ako spoločenstvo rozdielnych. Miestne zhromaždenie je miesto, kde nás Ježiš učí milovať všetkých možných ľudí, dokonca i našich nepriateľov – jeden kmeň má milovať druhý kmeň, jedna rasa druhú rasu, jedna krajina inú krajinu. Tak ako sa nad horizontom začína črtať ranné slnko, tak by sa aj v našich spoločenstvách malo začať napĺňať starozmluvné proroctvo: „Z mečov ukujú radlice, zo svojich kopijí vinárske nože. Národ proti národu nepozdvihne meč a už sa nebudú cvičiť v boji" (Iz 2:4).

Tak sa porozhliadajte počas spoločného nedeľného obeda, návštevy stredajšej skupinky v domove dôchodcov alebo pri mužskej modlitebnej skupinke v piatok ráno a pýtajte sa, čo vidíte. Je to láska medzi rôznymi, ale zjednotenými ľuďmi?

CIRKEV PRE HRIEŠNIKOV

Ježišových dvanásť učeníkov vyzeralo navonok prevažne rovnako: ako židovskí muži. Viacerí pracovali ako rybári, než ich Ježiš zavolal, aby ho nasledovali. O ostatných sa nedozvedáme, aká bola ich práca. Vieme však, že Ježiš povolal Matúša, ktorý sedel na colnici (Mt 9:9). Možno tomu detailu neprikladáme veľký význam, ale Matúš vedel, že pre jeho židovských čitateľov to bolo dôležité. Prečo? Pretože nenávideli vyberačov daní – nie tak, ako ľudia možno nemajú radi daňový úrad, ale oveľa viac. Židovskí vyberači daní pracovali pre nenávidenú okupačnú silu. Vyberali peniaze, ktoré kŕmili a zásobovali tých istých rímskych vojakov, ktorí im vládli s brutálnou efektivitou. Keďže Ježiš zavolal Matúša, nahneval farizejov: „Ako to, že váš učiteľ jedáva s mýtnikmi a hriešnikmi?" pýtali sa Ježišových učeníkov. Ježiš započul ich otázku a odpovedal: „Lekára nepotrebujú zdraví, ale chorí. Choďte a naučte sa, čo to znamená: Milosrdenstvo chcem, a nie obetu. Neprišiel som volať spravodlivých, ale hriešnikov" (Mt 9:12 – 13).

Dnes sa mnohí ľudia – v cirkvi i mimo nej – mýlia rovnako ako farizeji, keď sa pýtajú: Nie je cirkev pre ľudí so správnymi politickými presvedčeniami? Nie je cirkev pre ľudí, ktorí svoj život zvládajú? Nie je cirkev pre ľudí, ktorí vyzerajú ako ja, myslia ako ja a konajú ako ja?

Návštevníkovi, ktorí cirkev nepozná, sa všetci ostatní môžu javiť veľmi šťastní, veľmi úspešní a veľmi vyrovnaní. Niekedy aj cirkev samotná chce pôsobiť takýmto dojmom. Nie je to však Ježišov zámer. K doktorovi chodia len chorí. Do cirkvi chodia len hriešnici. Farizeji si mysleli, že boli spravodliví aj bez Ježiša. Nepotrebovali ho. Avšak Matúš a ďalší hriešnici vedeli, že potrebujú Ježiša. Hanbili sa za svoju minulosť a premáhala ich vina za to, čo urobili alebo neurobili. Nikdy predtým nezakúsili niečo také, ako bola jeho láska. Kedysi boli vyvrheľmi. Teraz boli v blízkosti Božieho syna! Nemohli bez neho žiť.

Títo colníci a hriešnici by bez Ježiša nemali vzájomné spoločenstvo. Okrem odmietnutia farizejmi nemali veľa spoločného. Ježiš však spojil ľudí, ktorí by v inej situácii neboli prirodzenými priateľmi a spojencami. Do rovnakej skupiny dvanástich učeníkov Ježiš povolal aj muža menom Šimon, ktorého každý poznal ako zelóta (Sk 1:13). Skupina zelótov sa usilovala o násilné zvrhnutie rímskych okupantov. Pohŕdali farizejmi za to, že sa dostatočne nesnažili cudzincov vyhnať. Ale naozaj nenávideli kolaborantov – mužov ako bol aj colník Matúš.

Viete si predstaviť tie trápne rozhovory medzi Šimonom a Matúšom. Ježiš ich však povolal oboch. Miloval ich oboch. Roky života venoval vyučovaniu ich oboch o Božom kráľovstve, ktoré presahuje všetky zemské rozdiely.

NEGATÍVNA KOMUNITA

Dôvod, prečo potrebujeme nanovo objaviť cirkev ako spoločenstvo rozdielnych je, že veľmi ľahko podliehame svetským predstavám o komunite. Svet nám dáva dve možnosti. Jeden prístup od nás chce, aby sme oslavovali rozmanitosť a uprednostňovali rozdiely v etnickom pôvode, národnosti, rode a čím ďalej, tým viac, v sexuálnej orientácii. Tento pohľad nás učí cítiť sa dobre a správne, keď sú v našej komunite zahrnuté rôzne identity. Miestnosť plná tvárí rovnakej farby pôsobí nesprávne, dokonca nemorálne.

Druhý pohľad od nás chce, aby sme oslavovali uniformitu. Vo veľkej časti sveta sa ľudia s rôznym etnickým pôvodom nesmú miešať, alebo by sa aspoň nemali. Človek môže žiť na vzdialenom území, kde je len jedna ekonomická trieda alebo etnický pôvod. Alebo v krajine, v ktorej funguje kastový systém, ktorý ľudí rozdeľuje ešte pred narodením a kde nemajú možnosť zmeniť svoje postavenie. Alebo v politickom systéme, ktorý vyžaduje poslušnosť štátu vo všetkých oblastiach vrátane náboženstva. Uniformita sa považuje za najvyššiu hodnotu. Miestnosť, kde ľudia navzájom nesúhlasia v politických otázkach alebo svetonázore, pôsobí nesprávne, dokonca nemorálne.

Na prvý pohľad tieto dve perspektívy – rozmanitosť a uniformita – môžu vyzerať ako úplne opačné. Za týmito rozdielmi sa však skrývajú podstatné podobnosti. Obe perspektívy vytvárajú komunitu prostredníctvom vylučovania. Zrejmejšie je to pri pohľade uniformity. Ak nemáte na dome správny transparent, ak nechodíte do správneho cirkevného zboru alebo ak sa stretávate s ľuďmi s nesprávnej kasty, ste vylúčení z komunity. To isté sa však stane pri snahe o rozmanitosť. Je dovolený len istý druh rozmanitosti. Môžete mať rozličný etnický pôvod, ale nesmiete mať iný názor na sexuálnu etiku. Môžete s hrdosťou pochádzať z inej krajiny, ale nemôžete podporovať nesprávnu politickú stranu. Môžu vás uznávať za váš rod, ale už vás nebudú uznávať za to, že trváte na dôležitosti biologických rozdielov medzi rodmi.

Nech sa už tvária akokoľvek, pri oboch pohľadoch vzniká komunita vylučovaním. Sú ako univerzitné mužské a ženské spolky, ktoré budujú komunitu vytváraním exkluzívnych klubov. Vstúpiť smiete len s dovolením. To isté platí pre súkromné spoločenské kluby alebo uzavreté obytné oblasti, ktoré nepúšťajú dnu nežiaducich ľudí na základe výšky ich príjmov. Alebo pre protestný pochod, ktorý nepripúšťa žiadne vnútorné protesty. Alebo akademický program, ktorý dusí slobodné kladenie otázok a ideologický odklon. Ste dnu, lebo iní sú von.

AKO SI VÁS SVET VŠIMNE

Naše cirkvi niekedy majú tento postoj, či už uprednostňovaním uniformity alebo rozmanitosti, pretože to je to, čo o komunite vieme. Nevieme, ako mať cirkev, kde ľudia môžu navzájom nesúhlasiť v politických otázkach, pretože sa snažíme nestýkať sa s ľuďmi, pri ktorých sa necítime dobre. Nevieme, ako budovať multietnický zbor, pretože nežijeme multietnické životy. Nevieme, ako k seba začleňovať rôzne ekonomické triedy, pretože sa nenachádzajú v okolí, kde žijeme. Nevieme, ako uprednostňovať spoločnú jednotu v Kristovi, pretože sme zvyknutí na všímanie si našich fyzických rozdielov.

Keď cirkev v týchto veciach napodobňuje svet, svet si ju nevšíma. Prečo? Pretože členovia na tento typ komunity nepotrebujú cirkev. Ak hľadáte ideologický zápal, môžete sa pridať k protestnému pochodu alebo politickej strane. Ak chcete zabiť čas, môžete sa pridať k športovému tímu alebo komunite hráčov videohier. Ak chcete hundrať na počasie a bolesti a zdravotné problémy, môžete sa pridať k dôchodcom v kaviarni na konci ulice. Cirkev, ktorú si svet všimne, združuje ľudí, ktorí sa bežne nestýkajú – colníci a zelóti, hriešnici a farizeji. Preto bola raná cirkev taká zvláštna, až niektorí povedali, že prevrátila celý svet naruby (Sk 17:6).

V starovekom svete bolo náboženstvo spojené s ďalšími identitami, obzvlášť s politickým presvedčením, etnickým pôvodom alebo kmeňom. Keď išli do boja, bojovali proti ľuďom s inými miestnymi bohmi a inými vládcami. Rimania dobývali takéto menšie skupiny po celom známom svete. Žida pre nich boli zvláštni, lebo trvali na existencii jedného Boha namiesto mnohých. Rimania však nezastavili chrámové uctievanie tohto Boha, až do momentu, keď sa Židia vzbúrili politickej autorite Ríma.

Kresťania boli iní. Uctievali toho istého Boha. Taktiež však uctievali muža, Ježiša, ktorý tvrdil, že je Bohom. Bolo zvláštne, že kresťania taktiež trvali na tom, že nebol nejakým miestnym učiteľom alebo politickým revolucionárom, ale Pánom vesmíru. A hoci sa Ježiš podriaďoval miestnym autoritám, taktiež tvrdil, že nemajú žiadnu právomoc okrem tej, ktorú im on sám udelil. Nikto predtým také niečo nepočul ani nevidel. Kresťanstvo bolo jedinečným spôsobom príťažlivé pre ľudí v celej Rímskej ríši, lebo Ježiš spájal ľudí, ktorí sa bežne nestýkali – otrokov a slobodných, chudobných a bohatých, Židov i pohanov. Táto zjednotená rozmanitosť spravila z kresťanstva jedinečnú hrozbu pre politické sily v Ríme, ktoré si správne všimli, že ich autoritu podryli hodnoty väčšieho kráľovstva.

Tento druh komunity, toto spoločenstvo rôznych ľudí, ktorých zjednocoval len Kristus, je to, čo potrebujeme v cirkvi nanovo objaviť. Práve takýto druh komunity si všíma svet. Je to druh komunity, ktorá ohrozuje status quo sveta. Táto komunita je postavená na spoločnej láske k Ježišovi Kristovi a viere v neho. Ako apoštol Pavol vyzýval Efezanov:

Preto vás napomínam ja, väzeň v Pánovi, aby ste žili, ako je hodné povolania, ktorým ste boli povolaní, so všetkou pokorou, miernosťou a trpezlivosťou, znášajte sa navzájom v láske. Usilujte sa zachovávať jednotu ducha vo zväzku pokoja. Jedno je telo a jeden Duch, ako ste aj boli povolaní k jednej nádeji svojho povolania. Jeden je Pán, jedna viera, jeden krst, jeden Boh a Otec všetkých, ktorý je nad všetkými, skrze všetkých a vo všetkých. (Ef 4:1 – 6)

Žiadna pandémia, voľby alebo virálne video túto komunitu, takýto druh jednoty neohrozí. Keď vypukne nejaký spor, táto cirkevná komunita sa ešte viac spojí v láske, empatii a dôvere. Jej členovia sa „usilujú zachovávať jednotu ducha vo zväzku pokoja".

ZNÁŠANIE ROZDELENÍ

Táto komunita zároveň môže zniesť svetské rozdelenia, pretože jej členovia si vážia a rešpektujú svoje rozdiely. Apoštol Pavol sa usiloval napraviť cirkev v Korinte, ktorá sa snažila nájsť jednotu uprostred rozdelení. Rozdiely v tomto cirkevnom zbore inšpirovali jeho slávne vyučovanie o láske: „Všetko znáša, všetko verí, všetko dúfa a všetko vydrží" (1Kor 13:7).

Ich rozdelenia taktiež priniesli jeho najjasnejšie vyučovanie o Kristovom tele. Použil túto metaforu, aby vysvetlil, ako cirkev potrebuje, aby všetci jej členovia spolupracovali. V ľudskom tele noha nepohŕda rukou. Ucho nežiarli na oko, pretože sluch potrebujeme rovnako ako zrak. Každý zažil, akú bolesť a nepohodu môže spôsobiť časť tela, o ktorej si veľa nemyslíme. Preto, vraví Pavol, nikdy nemôžeme brať ako samozrejmosť takzvané nižšie časti tela. „Boh však usporiadal telo tak, že slabšiemu údu dal viac cti, aby neboli v tele roztržky, ale aby sa údy vzájomne o seba starali. A teda ak trpí jeden úd, spolu s ním trpia všetky údy; ak sa dostáva cti jednému údu, radujú sa s ním všetky údy" (1Kor 12:24 – 26).

OVEĽA TRVÁCNEJŠIA CIRKEV

Telo Kristovo je spoločenstvom rozdielnych ľudí. Nie sme rovnakí a potrebujeme sa navzájom. Nemáme rovnaké obdarovanie a tak to Boh zamýšľal pre naše dobro. Vyznávame tú istú vieru v Ježiša Krista, ale tešíme sa z rozmanitých životných skúseností. Toto je Božia vízia pre cirkev, ktorú musíme nanovo objaviť. Tento model však nie je tým najrýchlejším spôsobom, ako vybudovať najväčšiu cirkev. Je to však najtrvácnejší spôsob, ako vybudovať zdravú cirkev.

Ak chcete rýchlo vybudovať veľkú cirkev, sústredíte sa na jedinečnú osobnosť a vyučovanie kazateľa na rozdiel od rôznych darov, ktoré Boh dal každému členovi tela. Taktiež vyberiete hudbu, ktorá oslovuje ľudí s preferovaným vekom, ekonomickou triedou alebo etnickým pôvodom (napríklad pracujúci dvadsiatnici s veľkým príjmom, množstvom času a potrebou spoločenstva). Nejde o to, že také cirkvi sú hriešne a konajú nesprávne. V skutočnosti mnoho, ak nie väčšina cirkví vo svete väčšinou združovala rovnaký typ ľudí s rovnakými záujmami. V niektorých prípadoch, napríklad rôzne etnické menšiny po svete, vytvárali samostatné cirkvi, pretože tieto skupiny boli vylúčené z už existujúcich cirkví, buď pre rasizmus, alebo jednoducho pre jazykovú bariéru. Vlastne sa zdá, že Boh používa veľa rôznych druhov cirkví spolu, aby oslovil to isté spoločenstvo dobrou správou o Ježišovi.

Príklad Ježišových učeníkov a raných cirkví, ktoré viedol Pavol, poukazuje na niečo, čo dnes musíme nanovo objaviť. Politika a pandémia neúnosne zaťažili mnoho zhromaždení. Môže sa nám zdať, že je ľahšie nájsť cirkev, kde každý rozmýšľa, hlasuje a hreší rovnako ako vy. Pre váš duchovný rast je však lepšie pridať sa k spoločenstvu rozdielnych ľudí.

Ctiť si ľudí, ktorí majú iné schopnosti.

Všetko dúfať v láske.

Zachovávať jednotu ducha vo zväzku pokoja.

Rešpektovať zelóta alebo colníka, ktorý sedí vedľa.

Chcete nájsť cirkev, ktorá pritiahne pozornosť sveta? Nájdite cirkev, ktorá vyzerá ako svet, ktorý má prísť.

ODPORÚČANÉ ČÍTANIE

Dever, Mark, a Dunlop, Jamie. *The Compelling Community: Where God's Power Makes a Church Attractive.* Wheaton, IL: Crossway, 2015.

Ince, Irwyn L., Jr. *The Beautiful Community: Unity, Diversity, and the Church at Its Best.* Downers Grove, IL: InterVarsity Press, 2020.

8
Ako milujeme ľudí zvonku?

Collin Hansen

> Cirkevný zbor je skupina kresťanov,
>
> ktorí sa stretávajú ako pozemské veľvyslanectvo
> Kristovho nebeského kráľovstva,
>
> aby ohlasovali dobrú správu o Kráľovi Kristovi
> a Jeho prikázania,
>
> aby si navzájom potvrdzovali členstvo v ňom cez sviatosti
>
> a ukazovali svätosť a lásku samého Boha
>
> cez zjednotený a rôznorodý ľud
>
> **v celom svete**
>
> pri nasledovaní vyučovania a príkladu starších.

Na čo je miestna cirkev? Čo sa má diať pri všetkých mládežníckych programoch, bohoslužbách, štúdiách Biblie a domácich skupinkách vašej cirkvi? Ako sa máte cítiť a čo máte robiť ako člen cirkvi?

Možno sú pre vás odpovede na tieto otázky očividné. V priebehu dejín však cirkvi odpovedali na tieto otázky aspoň štyrmi rôznymi spôsobmi. Môžeme tieto štyri alternatívy porovnať s tým, čo čítame v Božom slove o tom, čo by cirkev mala robiť pre ľudí mimo svojich múrov a tiež pre tých vnútri. Niektoré z odpovedí sa budú prekrývať, navzájom sa nevyhnutne nevylučujú. Cirkvi však bežne zdôrazňujú len jeden z týchto aspektov vzťahu medzi ľuďmi z cirkvi a mimo nej.

Po prvé, niektorí ľudia veria, že cirkev je na evanjelizáciu. Zámerom cirkvi je dostať ľudí do budovy v nedeľu ráno, aby počuli dobrú zvesť o Ježišovi a obrátili sa. Kázanie a vyučovanie sa stále sústreďujú na základy: náš problém s hriechom, Ježišovu obetu a nevyhnutnosť viery. Bohoslužby sa väčšinou zvyčajne cyklicky zameriavajú na bežné série o vzťahoch, rodičovstve, peniazoch, populárnej kultúre a iných témach, ktoré oslovujú ľudí zvonku. Učiteľ sa snaží spojiť tieto oblasti života s našou potrebou Ježiša.

Po druhé, niektorí ľudia veria, že cirkev je na dobré skutky. Cirkev sa snaží zmobilizovať ľudí v nej, aby pomáhali ľuďom zvonka hmatateľným spôsobom. Tieto cirkvi zabezpečujú jedlo a oblečenie chudobným, pomáhajú nájsť prácu bývalým väzňom a starajú sa o imigrantov a utečencov. Kázanie a vyučovanie zdôrazňuje Ježišove dobré skutky a jeho prikázanie milovať našich blížnych ako seba samých. Vodcovia vyzývajú ľudí z cirkvi, aby sa usilovali o zmenu, z ktorej budú mať úžitok ľudia mimo cirkvi, ktorí sú na tom horšie. Bohoslužby obsahujú oznamy o pracovných dňoch a hľadaní dobrovoľníkov. Taktiež zdôrazňujú správy o ľuďoch mimo cirkvi, ktorým ľudia z nej nejako pomohli.

Po tretie, niektorí veria, že cirkev je na uzdravenie. Cirkvi sa usilujú ľuďom zvonka ukázať, že život je lepší, keď sa človek stane súčasťou cirkvi. Kázanie a vyučovanie zdôrazňuje Ježišove zázraky a moc Ducha a to, ako nám v súčasnosti dáva rovnaké prostriedky liečiť ľudí z ich fyzického, duchovného, finančného a mentálneho utrpenia. Kázne zdôrazňujú, že ľudia v cirkvi dokážu s Božou pomocou prekonať každý problém. Na bohoslužbách znie povznášajúca hudba a ľudia fyzicky reagujú na pôsobenie Ducha. Niektoré bohoslužby sú takmer výlučne zamerané na modlitbu za okamžité uzdravenie.

Po štvrté, niektorí veria, že cirkev je na udeľovanie milosti. Cirkev sa usiluje ľuďom vnútri dať odpustenie, ktoré mimo cirkvi nezískajú. Kázanie a vyučovanie sa sústreďuje na úlohu cirkvi ako prostredníka medzi ľuďmi a Bohom. Bohoslužby vrcholia tým, že ľudia v cirkvi od vodcu dostávajú Kristovo telo a krv ako chlieb a víno. Človek mimo tohto konkrétneho zhromaždenia môže patriť k inému zhromaždeniu, ale všimne si veľa podobností bez ohľadu na to, akej bohoslužby sa zúčastňuje v cirkvi tohoto druhu.

Možno v jednom z týchto scenárov vidíte svoj zbor. Možno v nich vidíte niečo z dvoch-troch zborov, ktoré poznáte. Alebo možno je pre vás cirkev taká nová, že všetky sú pre vás rovnako neznáme! Možno prídete do jedného zboru ako človek zvonku a máte pocit, že všetko bolo naplánované pre váš úžitok. V inom zbore si vás možno nikto ani nevšimne. V tejto kapitole vám teda chceme pomôcť nanovo objaviť cirkev tak, že preskúmame učenie Biblie o zmysle cirkvi a o tom, aký vzťah má byť medzi ľuďmi v cirkvi a mimo nej.

VEĽKÉ POVERENIE

Začneme poslednými Ježišovými slovami jeho učeníkom pred jeho nanebovstúpením, po jeho vzkriesení:

> Daná mi je všetka moc na nebi aj na zemi. Choďte teda a získavajte mi učeníkov vo všetkých národoch a krstite ich v mene Otca i Syna i Svätého Ducha a naučte ich zachovávať všetko, čo som vám prikázal. A hľa, ja som s vami po všetky dni až do konca sveta. (Mt 28:18 – 20)

Ježiš začína aj končí túto zvesť na rozlúčku opisom seba samého. Je mu daná všetka moc, preto je jeho prikázanie záväzné. Učeníci nemali autoritu robiť si, čo chceli. Ježiš sľúbil, že postaví svoju cirkev. Iba on má tú správnu autoritu. Ježiš tiež sľúbil, že bude so svojimi učeníkmi bez ohľadu na to, čo sa im prihodí. Nie však len do konca ich života. Tento sľub a príkaz platia pre všetkých budúcich učeníkov až do konca sveta.

Vzhľadom na to, že Ježiš povedal tieto veci pred tým, ako vystúpil do neba, jeho záväzok musel byť pre učeníkov útechou, lebo netušili, čo ich čaká po jeho odchode. Ježiš tieto slová na rozlúčku povedal ľuďom, ktorí boli v absolútnom strede cirkvi, mužom, ktorí s ním roky chodili a rozprávali sa. Stojí za povšimnutie, že o nich ako o ľuďoch vo vnútri cirkvi nepovedal nič. Len prikázal, čo majú robiť pre ľudí zvonku. Rovnako, ako z nich on spravil svojich učeníkov, aj oni majú ísť a získavať ďalších. Rozsah ich pôsobiska sa však dramaticky zmenil. Ich obzor sa mal rozšíriť oveľa ďalej, nemali ostať len v Galilei, či v meste Jeruzaleme. Ježiš ich poslal ku „všetkým národom". Keď sa na ich prácu pozrieme bližšie, je pozoruhodné, ako poslúchli jeho príkaz a získavali učeníkov všade od Indie cez Afriku až po Európu. Čo mali teda títo ľudia z vnútra cirkvi robiť, aby z ľudí mimo cirkvi urobili Ježišových učeníkov? Po prvé, krstili. Dnes sa cirkvi nezhodnú v tom, či krst má nastať krátko po narodení alebo krátko po vyznaní viery v Ježiša Krista. Vyriešiť tento spor je nad rámec tejto stručnej knihy. Všetci však súhlasia, že učeníci krstili nových veriacich v mene Otca, Syna a Ducha Svätého, ako prikázal Ježiš. To znamená, že ľudí mimo cirkvi učili o Trojici – o jednom Bohu v troch osobách. Vzhľadom na židovskú vieru v jedného Boha a rímsku vieru v mnohých bohov si toto učenie vyžadovalo trpezlivé, opatrné a dlhodobé zaobchádzanie. Nech šli kamkoľvek, pre ľudí mimo cirkvi, ktorých učeníci stretli, nebolo ich učenie o Trojici až tak ľahko pochopiteľné.

Posledné poverenie od Ježiša zahŕňa v podstate všetko, čo si viete predstaviť: „Naučte ich zachovávať všetko, čo som vám prikázal." V Biblii máme štyri knihy plné Ježišovho učenia. Učeníci s ním navyše strávili viac rokov. Tento príkaz nemohli splniť, ak by učili len o kríži a prázdnom hrobe a potom vyzývali ľudí k rozhodnutiu veriť. Áno, obrátenie robí z ľudí mimo cirkvi ľudí v cirkvi. Noví ľudia v cirkvi sa však musia naučiť „zachovávať" Ježišovo učenie. Rovnako, ako bol Ježiš príkladom pre učeníkov, aj učeníci mali byť príkladom pre nových veriacich. Mali ich učiť nasledovať ich príklad a zachovávať ich učenie pri nasledovaní Ježiša a jeho prikázaní. Opäť, poslúchnuť tento aspekt veľkého poverenia muselo vyžadovať čas a trpezlivosť. Pravdepodobne to nie je niečo, čo zvládneme vykonávať iba prostredníctvom videohovorov, nieto ešte jednosmerných podcastov. Takéto učenie najlepšie prebieha osobne, vo vzťahu, v dialógu – v cirkvi.

CIRKEV DNES

Čo môžeme teda skonštatovať na základe Veľkého poverenia o zmysle cirkvi? Aký má byť vzťah ľudí v cirkvi a tých mimo nej? Ježiš kázal prvým vodcom v cirkvi, tým, čo boli absolútne jej súčasťou, aby sa podujali na dôležitú premenu ľudí mimo cirkvi na ľudí, ktorí budú tiež v jej centre, a to prostredníctvom obrátenia. Tento proces mohol začať v ich vlastných domácnostiach, s ich deťmi a širšou rodinou, ale nakoniec sa rozšíril k cudzincom po celom svete. Cirkev nesmie nikdy stratiť z očí toto povolanie evanjelizovať. Nech už robí cirkev čokoľvek, má poverenie učiť a ukazovať, ako sa stať učeníkom Ježiša Krista.

Ďalej vidíme, že cirkev musí budovať vzťahy, ktoré sa vyznačujú hĺbkou a vytrvalosťou. Je nemožné učiť to, čo Ježiš prikázal, ľudí, ktorých sotva poznáte a zriedkakedy vidíte. V porovnaní s predošlými storočiami si dnes učenie Ježišových slov vyžaduje viac času, keďže sme sa minimálne na Západe opäť dostali bližšie k stavu náboženského zmätku, s akým sa stretávali aj učeníci. V dejinách kresťanského sveta, či už v cirkvi s dlhou históriou v Európe, alebo takmer bezmyšlienkovitou vierou v Amerike, ľudia zvonka vedeli, ako sa majú správať, aby pôsobili ako ľudia z cirkvi, hoci v skutočnosti v Ježiša neverili. Ovládali cirkevný žargón. Dodržiavali sviatky. Nazýva sa to kresťanský nominalizmus. Nominalizmus však vymiera, s výnimkou zmenšujúcich sa kútov Západu.

Často sa rozprávam s kazateľmi, ktorí pracujú s mladými ľuďmi. Minimálne posledných päť rokov počúvam stále tú istú správu: také isté napredovanie v učeníctve si dnes vyžaduje dvojnásobok času, ako to bolo pred desiatimi rokmi. Stále menej a menej ľudí mimo cirkvi pozná čokoľvek, čo Ježiš povedal, okrem generických odkazov o súde a láske. Keď sa stanú súčasťou cirkvi, vedia veľmi málo o tom, čo znamená nasledovať Ježiša – kým je, čo urobil a čo prikázal. Nanovo objavená cirkev si nemôže dovoliť opakovať tie isté základné, svojpomocné mantry bez načretia do teologickej hĺbky. Taká plytká viera novým veriacim nepomôže poslúchať Ježiša, najmä ak si spomenieme na jeho slová, že máme očakávať, že svet bude jeho nasledovníkov nenávidieť (Mt 5:11; 10:22; Mk 13:13; Lk 21:17; Jn 5:18).

Rovnaké varovanie platí pre cirkvi, ktoré sa sústreďujú na uzdravovanie a udeľovanie milosti. Modlitba by mala byť charakteristická pre každú vernú cirkev. Duch má moc liečiť – tých, ktorí sú súčasťou cirkvi, aj tých mimo nej. Úlohou Ducha je však aj pomáhať nám pamätať na to, čo Ježiš učil a robil (Jn 14:26). Akákoľvek fyzická či finančná pomoc na tomto svete je dobrá, ale nie je najlepšia. Dlh na vašej kreditnej karte vám na zemi možno bude odpustený. Ak vám však Boh neodpustí hriechy pre Ježišovu krv, váš dlh hriechu ostáva a s ním večný Boží súd. Musíme si dávať pozor, aby sme nepôsobili dojmom, že pripojenie sa k cirkvi prináša tu a teraz hmatateľné finančné alebo fyzické výhody. Inak sa z Ježiša stane len prostriedok na dosiahnutie svetských a dočasných cieľov.

Čo sa týka udeľovania milosti, pohybujeme sa v cirkvi na tenkom ľade. Táto kniha je hlavne o dôležitosti a nevyhnutnosti Kristovho tela. Boh oprávnil vodcov cirkvi vysluhovať v jeho mene sviatosti krstu a Večere Pánovej. Oni strážia tieto prostriedky milosti, ktoré patria iba ľuďom v cirkvi. Nemôžete si zaplávať v bazéne na dvore alebo zapiť chlieb Coca-Colou a nahovárať si, že ste súčasťou cirkvi.

Zároveň však žiaden bežný smrteľník nerozhoduje o vašom duchovnom osude, či už ste súčasťou cirkvi, či nie. Apoštol Pavol povedal Timotejovi, svojmu chránencovi a kazateľovi v Efeze: „Lebo jeden je Boh a jeden prostredník medzi Bohom a ľuďmi — človek Kristus Ježiš, ktorý dal seba samého ako výkupné za všetkých; svedectvo v pravom čase" (1Tim 2:5 - 6). Boh dáva milosť všetkým, ktorí o ňu s vierou prosia. Cirkev ju neskladuje a neudeľuje na pokyn jej vodcov. Na znovuzrodenie nepotrebujete cirkev, ale potrebujete cirkev, aby vám pomohla kráčať na neistých nohách vašej mladej viery.

A ČO VŠETKO OSTATNÉ, ČO JEŽIŠ PRIKÁZAL?

V tejto kapitole sme už čítali, že cirkev má pomáhať ľuďom zvonku stávať sa prostredníctvom obrátenia členmi cirkvi. Keď sa ľudia zvonku stanú súčasťou cirkvi, ľudia, ktorí už jej súčasťou sú, ich dôsledne učia poslúchať všetko, čo Ježiš prikázal. Keď nanovo objavíte cirkev, zistíte, že nie každý je dobrý v oboch týchto veciach. Niekedy budete počuť veľa o evanjeliu, konkrétne o kríži a vzkriesení. Nebudete už však veľa počuť z Evanjelií, štyroch kníh založených na zvestiach Ježišových prvých učeníkov. Po množstve kapitol Ježišovho vyučovania vrcholia Evanjeliá krížom a vzkriesením. Pochopenie vzťahu medzi Evanjeliami a evanjeliom je dôležité, ak chcem v cirkvi znovu objaviť oddanosť evanjelizácii a dobrým skutkom – k vychovávaniu detí v bázni pred Pánom, ku každodennému chodeniu do práce ako pre Krista, ku konaniu dobra našim nekresťanským susedom, k usilovaniu sa o skutky súcitu a spravodlivosti, k verejnej angažovanosti podľa príležitostí a k ďalším veciam.

Samotná štruktúra Evanjelií nám hovorí, že Ježiš chápal, že jeho poslaním je vydanie seba samého ako obeť zmierenia za hriech. Učeníkom vysvetľoval: „Lebo ani Syn človeka neprišiel, aby sa dal obsluhovať, ale aby sám slúžil a dal svoj život ako výkupné za mnohých" (Mk 10:45; pozri tiež Mt 20:28). V Matúšovom evanjeliu nastáva zlom, keď Peter vyznáva, že Ježiš je Kristus, dlho sľubovaný Mesiáš Izraela (Mt 16:16). Od toho momentu Ježiš začal vysvetľovať svojim učeníkom, že bude musieť ísť do Jeruzalema, vytrpieť si veľa od židovských vodcov, umrieť na kríži a na tretí deň vstať z mŕtvych (v. 21). Keď rozumieme Ježišovej misii, môžeme porozumieť aj misii cirkvi, ktorou je zvestovať všetko, čo Ježiš urobil.

Ak však Ježiš prišiel urobiť len to, nepotrebovali by sme všetky ostatné kapitoly Evanjelií. Nepotrebovali by sme Kázeň na hore v Matúšovi 5 až 7. Nepotrebovali by sme Ježišovo vysvetlenie, ako sa ľudia v cirkvi majú správať jeden k druhému a k ľuďom mimo cirkvi a ako majú prispievať k dobrej a spravodlivej spoločnosti. Od Ježiša v jeho kázni počujeme: „Vy ste svetlo sveta. Mesto, ktoré leží na vrchu, sa nedá ukryť... Nech tak svieti vaše svetlo pred ľuďmi, aby videli vaše dobré skutky a oslavovali vášho Otca, ktorý je v nebesiach!" (5:14, 16)

Tento oddiel je kľúčový pre spojenie evanjelizácie a dobrých skutkov, ľudí v cirkvi a ľudí mimo nej. Už ste niekedy boli na vianočnej sviečkovej bohoslužbe? Ak nie, je dosť ľahké pochopiť, čo sa tam deje. Počas spevu piesne „Ó, svätá noc" alebo inej vianočnej piesne si každý človek zapáli sviečku a pripáli ňou sviečku človeku vedľa neho. Miestnosť, ktorá na začiatku piesne bola temná, na konci žiari teplom a svetlom. Jedna zapálená sviečka žiari jasne v tme. Množstvo sviečok tmu vyháňa.

Deje sa to, keď cirkev spoločne poslúcha Ježišove prikázania. Prikázania opustiť hnev. Odmietnuť žiadostivosť. Milovať nepriateľov. Dávať núdznym. O nič nebyť ustarostení. Keď sa kresťania v cirkvi takto správajú k sebe navzájom a k ľuďom mimo cirkvi, svet vidí ich dobré skutky ako mesto na kopci, osvetlené blikotajúcimi vianočnými svetlami. Ich svetlo svieti tak, že ľudia mimo cirkvi do nej chcú vstúpiť a oslavovať Otca v nebesiach.

Treba priznať, že na poradí tu veľmi záleží. Kresťania a cirkvi sa veľmi často zaoberajú snahou o vykúpenie kultúry, či o premenu mesta, no nie sú natoľko zaneprázdnení, že si nedajú do poriadku svoje vlastné domácnosti. Ako sa v tejto knihe usilujeme ukázať, cirkvi sa najprv musia snažiť stať sa vy-kúpenými kultúrami a premenenými nebeskými mestami. Iba potom môžu s integritou ďalej šíriť lásku, dobré skutky a snažiť sa o spravodlivosť. Keď sa to stane, obkľúčení občania tohto sveta a jeho neúspešných revolúcií môžu hľadať útočisko za dverami našej ambasády.

DOBRÍ KU KAŽDÉMU

Existuje teda cirkev pre ľudí v nej alebo pre ľudí zvonku? Komplementár-nym spôsobom existuje pre obe skupiny. Apoštol Pavol učil: „A tak teda, kým máme čas, robme dobre všetkým, ale najmä členom rodiny veriacich" (Ga 6:10). Každý človek zvonka je v cirkvi vítaný a dostáva pozvanie stať sa vďa-ka viere jej súčasťou.

V cirkvi sa kresťania učia poslúchať všetko, čo Ježiš prikázal. Majú sa učiť ako si ctiť Boha a milovať ľudí mimo cirkvi vo svojich rodinách, práci a su-sedstvách. Keď si ľudia v cirkvi spolu navzájom robia dobre, žiaria ako maják svätej nádeje pre svet, ktorý je uväznený temnotou noci. Dobre to vyjadril v texte vianočnej piesne „Ó, svätá noc" Adolphe-Charles Adam:

Skutočne nás naučil navzájom sa milovať
Jeho zákon je láska, jeho evanjelium mier
Putá sa zlomia, lebo otrok je náš brat
A v jeho mene skončí každý útlak

ODPORÚČANÉ ČÍTANIE

Keller, Timothy. *Generous Justice: How God's Grace Makes Us Just.* New York: Viking, 2010.

Stiles, Mack. *Evanjelizácia: Ako celý zbor hovorí o Ježišovi.* Bratislava: Porta libri, 2018.

9
Kto vedie?

Jonathan Leeman

Cirkevný zbor je skupina kresťanov,

ktorí sa stretávajú ako pozemské veľvyslanectvo
Kristovho nebeského kráľovstva,

aby ohlasovali dobrú správu o Kráľovi Kristovi
a Jeho prikázania,

aby si navzájom potvrdzovali členstvo v ňom cez sviatosti

a ukazovali svätosť a lásku samého Boha

cez zjednotený a rôznorodý ľud

v celom svete

pri nasledovaní vyučovania a príkladu starších.

Každý vie, kto je kazateľ, však? Dokonca o tom majú predstavu aj ne-kresťania. Minimálne ich videli v televízii. Kazatelia vedú zbory. Stoja vpredu počas bohoslužieb. Nejaký čas rozprávajú. Možno po bohoslužbe stoja vzadu pri východe a podávajú ľuďom pri odchode ruky. Cez týždeň robia ďalšie dobré veci. Alebo také niečo.

Možno by bolo lepšie povedať, že väčšina ľudí má len vágnu predstavu o tom, kto je to je kazateľ. Túto predstavu ovplyvnili skúsenosti – či už sledovanie televízie, alebo kazateľa v zbore, do ktorého občas ako deti chodili. To znamená, že ak si porovnáme poznámky, zistíme, že naše predstavy sa líšia. Niektorí majú na mysli pekného a charizmatického šoumena, ktorý je schopný očariť päťtisícové publikum so zručnosťou zabávača. Iní si predstavia milého staršieho muža, ktorý pri kázňach často habká a ťažko sa počúva, pretože väčšinu týždňa strávil navštevovaním nemocníc alebo pomáhaním susedom v núdzi. Iní vidia prísneho prednášajúceho so zvraštemým obočím, ktorý na kazateľnici máva Bibliou a týždeň čo týždeň vyslovuje názory na všetko. Ďalší si pamätajú na zranenia alebo dokonca zneužívanie od muža, ktorého si zhromaždenie vážilo a ctilo titulom „kazateľ".

JEŽIŠOV UČENÍCKY PROGRAM

Cieľom tejto knihy bolo nanovo objaviť cirkev, a preto sme väčšinu času venovali cirkvi – teda všetkým jej členom, teda *vám*. Avšak vodcovia majú kľúčovú rolu v každej cirkvi a budeme ich nazývať buď *kazatelia*, alebo *starší*. Tieto slová sú vzájomne zameniteľné, lebo tak je to aj v Biblii (pozrite Sk 20:17, 28; Tít 1:5, 7; 1Pt 5:1 – 2). Vaša schopnosť plniť svoju úlohu člena cirkvi závisí od toho, ako si kazatelia alebo starší plnia svoje úlohy. Vaša úloha, ako sme videli v 5. kapitole, je byť kňazom-kráľom. Ježiš vás poveril dohliadaním na to, *kto* (a) *čo* vyznáva, a tiež rozširovaním vlády evanjelia po zemi získavaním učeníkov. Čo je však úlohou kazateľa?

Vo svete po pandémii je veľmi dôležité poznať odpoveď na túto otázku. Je to potrebné preto, aby sme si uvedomili, aký dopad mali karanténne opatrenia počas COVID-u na udržanie dôvery vnútri cirkvi – medzi členmi zborov, ale aj voči ich vodcom. Viac sa tým budeme zaoberať až o chvíľu. Teraz si však potrebujeme uvedomiť, že súčasťou znovuvybudovania dôvery je poznanie, čo je vlastne úlohou kazateľa. Stručný opis pracovnej náplne kazateľa je, že vás má pripravovať na vašu úlohu.

Dozvedáme sa to v Efezanom 4:11 – 16. Apoštol Pavol nám hovorí, že Ježiš dal cirkvi niekoľko darov, vrátane kazateľov (v. 11). Potom nám hovorí, prečo dal Ježiš cirkvám tieto dary: „Aby pripravovali svätých na dielo služby, na budovanie Kristovho tela" (v. 12). Úlohou kazateľa je pripravovať svätých na ich úlohu. Učia nás, ako si navzájom slúžiť za týmto účelom:

Buďme pravdiví v láske, aby sme vo všetkom dorastali v Krista. On je hlava, z neho rastie celé telo, pevne spojené vzájomne sa podporujúcimi kĺbmi a buduje sa v láske podľa toho, ako je dané každej časti. (15 – 16)

Každá časť tela má svoju úlohu. Všetci sa podieľame na projekte budovania tela v láske. Kazatelia nás vyučujú a pripravujú na túto prácu.

Každotýždenné stretnutie cirkvi je teda pracovné školenie. Umožňuje ľuďom s úradom kazateľa pripravovať ľudí v úrade člena poznať evanjelium a žiť ho, ochraňovať svedectvo cirkvi o evanjeliu a rozširovať jeho dosah medzi sebou navzájom, ale aj medzi ľuďmi zvonka. Ako Ježiš poveril členov navzájom si dosvedčovať evanjelium a budovať sa v ňom, poveril pastorov tým, aby na to členov trénovali. Ak kazatelia nebudú plniť dobre svoju úlohu, nebudú tak robiť ani členovia.

Úloha starších + úloha členov = Ježišov učenícky program

Keď spojíte úlohu kazateľa s úlohou členov, čo získate? Ježišov učenícky program. Toto nie je program, ktorý si viete zakúpiť v kresťanskom kníhkupectve, balíček, ktorého súčasťou je príručka pre vedúceho, príručka pre študenta a plagáty na stenu nedeľnej školy. Je priamo tu v 4. kapitole Listu Efezanom.

PRIPRAVOVAŤ VYUČOVANÍM

Služba kazateľa či staršieho pripravovať členov na evanjelizáciu sa sústreďuje na ich vlastné učenie a ich život. Tento vzor nachádzame v Pavlových pokynoch Timotejovi: „Dávaj pozor na seba a na učenie; buď v tom vytrvalý. Lebo ak toto budeš robiť, zachrániš aj seba, aj tých, čo ťa počúvajú" (1Tim 4:16). Pozrime sa postupne na obe. Jednou z hlavných vecí, ktoré odlišujú starších od členov, je, že musia byť „schopní učiť" (1Tim 3:2). To však neznamená, že starší sa vie postaviť za kazateľnicu pred tisícku ľudí a očariť ich svojou múdrosťou a dôvtipom. Znamená to, že ak máte problémy s porozumením Biblie alebo neviete, ako zvládnuť ťažkú životnú situáciu, viete, že sa môžete uňho zastaviť, požiadať o pomoc a dostanete biblickú odpoveď. Dôverujete tomu, že keď otvorí Bibliu, nevytiahne z nej nevhodné časti. Poskytuje vám verné porozumenie Biblii. Učí, „čo je v súlade so zdravou náukou" (Tít 2:1). V niektorú nedeľu poobede si prečítajte všetky tri Pavlove listy dvom kazateľom, Timotejovi a Títovi, a podčiarknite si každú zmienku o učení. Môže sa vám pri tom unaviť ruka. Vyberme len jednu: Pavol vo svojom druhom liste Timotejovi hovorí, že Timotej sa musí držať vzoru zdravého učenia, ktoré počul od Pavla (2Tim 1:13). Čo počul od Pavla má odovzdávať verným mužom, ktorí budú schopní učiť aj iných (2:2). Má usilovne a správne učiť slovo pravdy (v. 15). Má sa vyhýbať prázdnym rečiam, ktoré sa odkláňajú od pravdy (v. 16, 18). Musí učiť jedine tak, ako to od neho chce Boh, vediac, že pokánie bude viesť k poznaniu pravdy (v. 24 - 25). Pavol končí poverením Timoteja k vytrvalému kázaniu Slova, k napomínaniu, naprávaniu a povzbudzovaniu s veľkou trpezlivosťou (4:2).

Pavol Timotejovi a Títovi túto snahu o rast ľudí v zbožnosti vykresľuje ako pomalú, trpezlivú, každodennú a monotónnu prácu. Starší nenúti, ale vyučuje, pretože skutok zbožnosti z donútenia vôbec nie je zbožný. Zbožný skutok pochádza zo zámerného rozhodnutia znovuzrodeného srdca novej zmluvy.

Keď starší vyučuje, zhromaždenie začína slúžiť a robiť dobré skutky. Skvelý obraz tohto spôsobu fungovania sa nachádza v Skutkoch 16, keď Pavol a jeho spoločníci prvýkrát prídu do Filipis. Pavol vyučuje skupinu žien vrátane jednej s menom Lýdia. „Pán jej otvoril srdce, aby pozorne počúvala, čo hovorí Pavol," čítame (14). Krstí ju. Ona potom hovorí Pavlovi a jeho spoločníkom: „Ak ste o mne usúdili, že som verná Pánovi, poďte do môjho domu a bývajte u mňa." Lukáš, ktorý to zaznamenáva, píše na záver: „A prinútila nás" (15). Takže Pavol káže, Lýdia je zachránená a potom im okamžite prejavuje pohostinnosť!

PRÍPRAVA PRÍKLADOM

Starší nielen vyučujú. Svojím životom tiež musia dávať príklad stádu. „Starších medzi vami prosím," učí Peter, „paste Božie stádo, ktoré je u vás" (1Pt 5:1 - 2). Ako to však majú robiť, Peter? „Buďte vzorom," odpovedá (v. 3).

Starší pracuje tak, že ľudí volá k tomu, aby ho napodobňovali. To hovorí Pavol Korinťanom: „Prosím vás teda, nasledujte môj príklad. Preto som vám poslal Timoteja, moje milované a verné dieťa v Pánovi. On vám pripomenie moje cesty v Kristovi Ježišovi, ako učím všade v každej cirkvi" (1Kor 4:16 – 17).

Niekedy sú kresťania prekvapení, keď v Biblii hľadajú popis práce staršieho, ale zistia, že autori systematickejšie popisujú len jeho charakter (1Tim 3:2 – 7; Tít 1:6 – 9). Taktiež je zaujímavé, že tento popis charakteru staršieho poukazuje na vlastnosti, ktorými by sa mal vyznačovať každý kresťan – triezvy, uvážlivý, slušný, pohostinný, nie pijan, nie bitkár, ale mierny, nie neznášanlivý ani lakomec a tak ďalej. Nemal by sa o tieto veci usilovať každý kresťan? Jediné výnimky sú „schopný učiť" a „nesmie byť novopokrstený." Ľudia sa môžu čudovať, prečo Pavol nepožaduje od starších niečo, nuž, výnimočnejšie, napríklad „preukázateľné skúsenosti s vedením veľkých organizácií", „založenie deviatich sirotincov" alebo „spustenie prebudenia, ktoré viedlo k obráteniu stoviek ľudí". Zdá sa, že dôvod nás privádza späť k myšlienke, že starší má byť hlavne príkladom. Okrem schopnosti učiť musí starší žiť život, ktorý ostatní kresťania môžu napodobňovať.

Starší netvoria samostatnú „triedu" kresťanov, ako by to bolo pri rozdelení na aristokratov a bežných ľudí alebo stredovekých kňazov a laikov. Starší je v zásade kresťan a člen cirkvi, ktorý bol oddelený, pretože má príkladný charakter a je schopný učiť.

Rozdiel medzi starším a členom, hoci je formálne označený titulom, je prevažne rozdielom v zrelosti, nie triede. Ako je to pri rodičoch a ich deťoch, tak aj starší sa sústavne usiluje členov budovať a privádzať k zrelosti. Je to špecifický úrad, iste. Jeho požiadavky však nespĺňa každý zrelý kresťan. Zámer však zostáva: starší sa snaží byť napodobňovaný do tej miery, do akej on sám napodobňuje Krista (pozri 1Kor 4:16; 11:1).

Obrazne povedané, ukazuje, ako sa používa kladivo a píla a potom tieto nástroje dá do rúk členom. Zahrá stupnicu na klavíri alebo odpáli golfovú loptičku a potom vyzve členov, aby to po ňom zopakovali.

Dalo by sa povedať, že byť kazateľom/starším znamená vystavovať celý svoj život druhým, ako keď dieťa prinesie do škôlky hračku, opíše ju a ukáže ju ďalším deťom. Môže ich nechať zahrať sa s ňou, aby videli, ako funguje.

Taký je život kazateľa či staršieho. Svojej cirkvi hovorí: „Naučím vás ceste kríža. Sledujte, ako po nej idem ja. Takto sa znáša utrpenie. Takto sa milujú deti. Takto sa zdieľa evanjelium. Takto vyzerá štedrosť a spravodlivosť. Ukážem vám, ako statočne stáť za pravdou a byť citliví k zlomeným."

Aká je vaša úloha ako člena vo vzťahu k starším? Autor Listu Hebrejom to podáva výstižne: „Pamätajte na svojich vodcov, ktorí vám hovorili Božie slovo, dôkladne pozorujte, aký bol koniec ich života, a napodobňujte ich vieru" (13:7).

VÝHODY PLURALITY

Ak je úlohou staršieho predstavovať príkladný spôsob života, ktorý môže nasledovať každý kresťan, pre cirkev je len na úžitok, ak má viac ako iba jedného. Od starších sa učíme službe tak intenzívne, ako by sme boli zamestnaní na plný úväzok. Taktiež sa však učíme od staršieho, ktorý pracuje na plný úväzok ako učiteľ, vo fabrike alebo finančníctve. Muži v rôznom zamestnaní nám poskytujú príležitosti vidieť, ako vyzerá zbožnosť v rôznych oblastiach. Okrem toho kazateľ má cez týždeň obmedzené možnosti starať sa o svoje stádo. Dvaja urobia dvakrát toľko. Traja trikrát. A tak ďalej.

Nová zmluva nám nikde nehovorí, koľko starších by mal zbor mať, ale vždy hovorí o „starších" miestnej cirkvi v množnom čísle, ako keď Pavol „poslal z Milétu odkaz do Efezu a pozval k sebe starších cirkvi" (Sk 20:17), alebo keď Jakub napísal „Je niekto medzi vami chorý? Nech si zavolá starších cirkvi" (Jk 5:14; pozri tiež Sk 14:23; 16:4; 21:18; Tít 1:5).

Okrem toho Biblia nikde nenaznačuje, že každý kazateľ či starší musí byť platený a aspoň jeden oddiel naznačuje, že platení budú len niektorí (1Tim 5:17 – 18). Je ťažko predstaviteľné, že si cirkvi prvého storočia mohli dovoliť platiť všetkých svojich starších. Napríklad ani jeden z nás nemá príjem z nejakej cirkvi. Na plný úväzok pracujeme pre paracirkevné organizácie. Avšak obaja slúžime ako starší či pastori v našich zhromaždeniach. Radi to voláme našou večernou či víkendovou prácou! Služba „laických" alebo „neplatených" starších (nazvite to, ako chcete) znamená, že sa zúčastňujeme pravidelných stretnutí starších, občas učíme na rôznych platformách cirkevného života, pomáhame v rôznych situáciách, keď treba niekomu radiť alebo keď niekto čelí rodinnej kríze alebo počas predmanželskej prípravy a podobne. Taktiež to znamená, že cirkev by mala byť vždy v popredí nášho modlitebného života, hoci dúfame, že sa o to isté usiluje každý kresťan.

Pluralita starších neznamená, že kazateľ, ktorý káže, nemá špecifickú úlohu. Jakub bol špecificky známy ako vodca cirkvi v Jeruzaleme (Sk 15:13; 21:18), rovnako ako bol Timotej v Efeze a Títus na Kréte. V Korinte sa Pavol venoval vyučovaniu spôsobom, akým to nerobil žiaden laický starší (Sk 18:5; 1Kor 9:14; 1Tim 4:13, 5:17). Taktiež preto, že verný kazateľ, ktorý je pravidelným hlasom ohlasujúcim Božie slovo, zistí, že jeho zhromaždenie mu začína dôverovať jedinečným spôsobom. Navyše ho i ostatní starší berú ako prvého medzi rovnými a „obzvlášť" hodného dvojitej cti – a prijmú ho (1Tim 5:17). Avšak kazateľ je stále fundamentálne len jeden ďalší starší. Formálne je rovný každému ďalšiemu mužovi, ktorý je povolaný zhromaždením.

Pluralita starších má viacero výhod:

- *Vyvažuje pastoračné slabiny.* Žiaden kazateľ nemá všetky dary. Iní zbožní muži budú mať komplementárne dary, vášne a postrehy.
- *Rozširuje pastoračnú múdrosť.* Nikto z nás nie je vševediaci.
- *Ruší mentalitu typu „my proti nim",* ktorá niekedy môže vzniknúť medzi cirkvou a kazateľom.
- *Ľudia vedúci zhromaždenie sú v zbore domáci,* takže aj keď kazateľ odíde, zhromaždenie bude mať silnú vodcovskú oporu.
- *Vytvára jasnú učenícku dráhu* pre mužov v cirkvi. Nie každého muža Boh povolá, aby slúžil ako starší v zbore. Každý muž by sa však mal pýtať samého seba *Prečo by som neslúžil a nerobil to, čo treba na to, aby som bol mužom, ktorý takto slúži telu?* Je dobré po tom túžiť, vraví Pavol (1Tim 3:1).
- *Taktiež to dáva príklad učeníctva ženám.* Ženy staršie vo viere by sa mali venovať učeníckemu vedeniu mladších žien, tak ako to robia starší muži (Tít 2:3 – 4).

OLEJ DÔVERY

Pred chvíľou sme povedali, že Ježišov učenícky program pozostáva z toho, že si starší plnia svoju úlohu, ktorou je pripravovať členov na tú ich. Je kľúčové uvedomiť si, že toto funguje, iba keď medzi staršími a členmi panuje dôvera. Dôvera je olej, ktorý umožňuje motoru Ježišovho učeníckeho programu fungovať. Bez neho sa prevody zaseknú.

Zamyslite sa nad tým. Počúvame, napodobňujeme a nasledujeme ľudí, ktorým dôverujeme. Ak verím, že žijete s integritou, milujete ma a ide vám o moje dobro, bude pre mňa ľahšie prijímať vaše usmernenia alebo napomenutia vrátane tých ťažkých. Ak však neverím, že sa tieto veci týkajú aj vášho života, budem spochybňovať všetko, čo poviete, aj tie ľahké veci. Zdravý zbor má preto vodcov, ktorí sú dôveryhodní, ale taktiež ľudí, ktorí sú ochotní im dôverovať.

Jeden z dôvodov, prečo boli karantény počas COVID-u také náročné, je, že dôvera medzi ľuďmi prirodzene klesá, keď sa nevídajú. S výnimkou konfliktných situácií, fyzické trávenie času s inými nám pomáha budovať medzi sebou dôveru.

- „Áno, poznám ho. Boli sme spolu na obede. Je to dobrý chlap, mám ho rád."
- „No, ten náš rozhovor cez emaily sa len zhoršoval a zhoršoval. Potom sme sa porozprávali osobne a celé si to vyjasnili. Všetko je teraz lepšie."

Spoločný čas s ľuďmi bežne buduje dôveru, zatiaľ čo oddelenie pokúša naše srdcia robiť si starosti, byť skeptickí či dokonca báť sa. Je jasné, že veľa kazateľov počas karantény COVID-u pochopilo, že zásoby dôvery v zhromaždení, ktoré roky budovali, sa rýchlo minuli. Prvých pár týždňov karantény na jar roku 2020 bolo v poriadku. Potom sa z týždňov stali mesiace a tlak narástol. Veľa vlád po celom svete sprísňovalo opatrenia. Tieto politické napätia ešte zvyšovala skutočnosť, že cirkvi sa neschádzali alebo sa schádzali len v obmedzenom počte. Cirkev, ktorá sa nemôže schádzať a ktorá má malé zásoby dôvery, je ako auto s motorom, ktorému dochádza olej. Ako sme už povedali vyššie, prevody začnú škrípať – medzi jedným členom a staršími a medzi členmi navzájom a to aj na sociálnych sieťach. Politický tlak, ktorý pôsobil proti jednote, sa každým ďalším krokom stupňoval a nemožnosť spoločne sa stretávať znížili dôveru medzi členmi aj voči vodcom.

Ja aj Collin sme sa rozprávali s množstvom kazateľov, ktorých kritizovala politická pravica, politická ľavica alebo oboje. Spomínali členov – dokonca i dlhodobých vodcov v ich zboroch – ktorí odišli kvôli tomu, čo povedali alebo nepovedali.

Nemôžeme sa tu venovať politickým otázkam, ale možno môžeme poskytnúť stručné pastoračné odporúčanie všetkým, ktorí prestali dôverovať svojim cirkevným vodcom, či už z politických alebo akýchkoľvek iných dôvodov.

Ak to platí o vás, ide o veľa. Hlavný spôsob, ako duchovne rastiete, je počúvanie Božieho slova. Takže ak vy, vaše deti alebo váš manželský partner nedôverujete kazateľom, ťažko sa vám bude počúvať Božie slovo týždeň čo týždeň – čo vám časom duchovne ublíži. Preto ide o problém, ktorým sa treba zaoberať a vyriešiť ho, ak je to vôbec možné.

Možno je ten problém vo vás. Potrebujete aspoň zvážiť túto možnosť, obzvlášť ak sa obraciate proti priateľom a iným vodcom, ktorých ste roky poznali a ktorým ste roky dôverovali. Modlite sa za to a poproste o spätnú väzbu niekoho, komu dôverujete. Možno je problémom jeden alebo viac starších. V tom prípade to potrebujete riešiť priamo s nimi.

Na týchto stránkach nevieme diagnostikovať vašu konkrétnu situáciu. Vieme však povedať, že ak všetky vaše snahy o obnovu dôvery zlyhali, možno potrebujete odísť a nájsť zbor, kde budete kazateľom dôverovať natoľko, že im dovolíte napomínať vás, ak to bude nutné. Nehľadajte len zbor, ktorý potvrdí všetko, čo už viete.

Áno, kresťania by sa mali stále usilovať o zmierenie. Pokora niekedy vyžaduje, aby sme tie zložitejšie konflikty na čas odložili a prosili Pána, aby ich vyriešil vo svojom čase a svojím spôsobom. Kým ten čas nenastane, je kľúčové, aby ste naďalej počúvali a aplikovali Božie slovo vo svojom živote, kým je vaša dôvera v iných narušená. Ako kazateľ by som bol radšej, keby niekto opustil môj zbor, ak mi nedôveruje (aj keď som presvedčený, že sa mýli a ja mám pravdu), aby časom mohol rásť v zbožnosti niekde inde. Možno mu kázanie Božieho slova, ktoré bude počuť niekde inde, umožní rásť, aby sme sa jedného dňa mohli zmieriť. A nejaký rast pravdepodobne potrebujem aj ja. Je dôležitejšie, aby ľudia mali vodcov, ktorým veria, než aby som ich vodcom bol *ja*. Dobrou správou je, že každý cirkevný zbor, ktorý káže evanjelium, hrá za rovnaký tím Božieho kráľovstva.

A ČO DIAKONI?

Okrem kazateľov/starších a členov Nová zmluva pozná ešte jeden úrad: diakonov. Diakoni nie sú ďalším rozhodovacím orgánom, ako by to bolo pri dvojkomorovom legislatívnom systéme, kde Snemovňa reprezentantov robí protiváhu Senátu. Nie, Boh dáva cirkvi diakonov, aby robili tri veci: všímali si hmatateľné potreby a napĺňali ich, ochraňovali a podporovali jednotu cirkvi a podporovali službu starších. Obrazne povedané, ak starší povedia: „Poďme týmto autom do Philadelphie", nie je úlohou diakonov oponovať a povedať:

„Nie, poďme do Pittsburghu." Namiesto toho oni slúžia starším a celej cirkvi, keď povedia: „Motor v tomto aute nás do Philadelphie nedostane."

V príbehu v 6. kapitole Skutkov apoštolov sa nevyskytuje podstatné meno *diakon*, ale používa sa tam to isté slovo ako sloveso. V našich Bibliách je preložené ako „slúžiť". Kontext je takýto: cirkev v Jeruzaleme sa rozdeľovala podľa etnického pôvodu – ako to často býva v dejinách sveta. Grécky hovoriace vdovy boli pri rozdávaní jedla oproti hebrejsky hovoriacim vdovám zanedbávané. Apoštoli povedali, že cirkvi by neprospelo, keby „diakonovali stoly", keďže boli povolaní venovať sa kázaniu Slova a modlitbe. Preto dali pokyn cirkvi, aby našla zbožných ľudí, ktorí by mohli robiť túto prácu a starať sa, aby bolo o vdovy postarané. Starostlivosť o fyzické blaho ľudí zosobňuje Božiu starostlivosť, často je prospešná duchovne a funguje ako svedectvo pre ľudí mimo cirkvi.

Za fyzickou starostlivosťou je druhý aspekt práce diakonov: snaha o jednotu tela. Starostlivosťou o vdovy diakoni dosiahli, že rozdeľovanie jedla medzi týmito ženami bolo spravodlivejšie. Bolo to veľmi dôležité, pretože *fyzické* zanedbanie spôsobovalo *duchovnú* nejednotu v tele (porovnaj Sk 6:1). Diakoni boli poverení vyriešiť nejednotu v cirkvi. Ich úlohou bolo pôsobiť ako tlmiče nárazov pre cirkev.

Po tretie, diakoni boli ustanovení podporovať službu apoštolov. Svojou službou podporovali učiteľov Slova v ich službe. V tomto zmysle diakoni povzbudzujú a podporujú službu starších. Výsledok? „Božie slovo sa šírilo a počet učeníkov v Jeruzaleme mimoriadne rástol" (Sk 6:7).

Ak je každý kresťan povolaný slúžiť a starať sa o jednotu cirkvi, prečo formálne uznávame úrad diakona? Pretože cirkvi pripomína, ako blízko je taká služba jadru evanjelia a nášmu Pánovi Ježišovi Kristovi. Neprišiel, aby mu slúžili, ale aby slúžil. Slovo, ktoré používa pre „slúžiť" je slovo, ktoré prekladáme ako „diakon" (Mk 10:45). Ježiš prišiel „diakonovať". Rovnako, ako má byť život starších príkladom života podľa kresťanského učenia, diakoni majú byť príkladom života v službe.

Chvála Bohu za dary starších a diakonov. Keď nanovo objavíte cirkev, dúfame, že sa vám do pamäte vryje jedno slovo – dary. Boh vás miluje a dal vám tieto dary: starších a diakonov. Vnímate ich ako dary? Ďakujete za nich Bohu ako za dary? Môžete. To, čo robia, robia pre vaše dobro a šírenie evanjelia.

Boh im dal vážnu zodpovednosť: „Oni bdejú nad vašimi dušami a budú sa za ne zodpovedať" (Heb 13:17). Môžeme im dôverovať, že budú robiť túto prácu – a poslúchať ich – ak budeme dôverovať tomu, že sa budú zodpovedať vševediacemu a vševidiacemu Bohu.

ODPORÚČANÉ ČÍTANIE

Rinne, Jeramie. *Starší zboru: Ako sa pastiersky starať o Boží ľud podľa Ježišovho príkladu.* Bratislava: Porta libri, 2018.

Smethurst, Matt. *Deacons: How They Serve and Strengthen the Church.* Wheaton, IL: Crossway, 2021.

Záver

NEMÁTE CIRKEV, AKÚ CHCETE, ALE NIEČO LEPŠIE

Túto knihu chceme ukončiť dvoma príbehmi. Najprv sa zoznámte s Tomášom a Alicou. Nie sú to ich skutočné mená a niektoré detaily sme zmenili, ale sú to skutoční ľudia. Tomáš a Alica strávili niekoľko rokov ako misionári vo veľkom meste v Ázii v malom cirkevnom spoločenstve. Teraz bývajú na juhu Ameriky vo veľkom meste s mnohými cirkevnými zbormi a každý týždeň chodia do cirkvi.

Žiaľ, doba na misijnom poli bola pre ich manželstvo náročná a dnes sa ustavične hádajú. Ak sa spýtate Tomáša na problém ich manželstva, povie, že Alica ho neustále kritizuje. A popravde začal premýšľať, či zvládne po zvyšok svojho života manželstvo s touto ženou. Alica sa cíti rovnako. Z Tomášovej bezstarostnej charizmy sa jej obracia žalúdok. Kam zmizne tá charizma, keď príde domov mrzutý, kričí na deti a spochybňuje, čo robila celý deň? Čuduje sa, prečo sa zaňho vydala.

Za tým všetkým je však ďalší problém: v skutočnosti nemajú vzťahy s inými ľuďmi v cirkvi. Žijú na okraji. Prídu v nedeľu na hodinu a pol na bohoslužby, ale to je tak všetko. Nikto nevie, že majú problémy a nikdy o nich nehovoria.

Je ironické, že Tomáš a Alica sa považujú za zrelých kresťanov. Obaja viedli biblické skupinky od kedy boli vedúcimi kresťanských študentských spoločenstiev na vysokej škole. Vedia, ako sa vyjadrovať, keď sa modlia pred inými ľuďmi. Sú však pyšnejší, ako by si chceli priznať. Neuvedomujú si, ako veľmi potrebujú cirkev a ako sa o nich chce Ježiš cez ich cirkev starať. Ostávajú preto na okraji a cirkev nechávajú v nevedomosti o svojich problémoch, a preto im ani nemôže pomôcť.

Čo chceme od Tomáša a Alice? Chceme, aby sa pokorili a viac sa zapojili do cirkvi, aj keď si to bude vyžadovať obete. Môžu hľadať spôsoby, ako obmedziť svoje týždenné harmonogramy kvôli budovaniu vzťahov. Môžu prehodnotiť svoje plány na prázdniny a dovolenku a hľadať spôsoby, ako do nich zahrnúť členov zboru. Úprimne, mohli by dokonca zvážiť, že by sa presťahovali bližšie k zboru, aby sa im s ľuďmi ľahšie stretávalo. Nákup a doručenie potravín inému členovi zboru sa môže ľahko zmeniť na polhodinový rozhovor, niečo, čo sa stáva zriedkavo, keď vám cesta domov trvá autom až tridsať minút. Tieto neplánované rozhovory neprospievajú vášmu harmonogramu, ale môžu prospieť vašej duši.

Tu je druhý príbeh, tento je o Júlii. Júlia vyrastala s nevlastným otcom, ktorý ju fyzicky a sexuálne zneužíval. Potom bývala v náhradnom domove, kde ju zneužívali rovnako. Z Božej milosti sa stala kresťankou ako mladá dospelá a vydala sa za kresťanského muža. Avšak prvé roky ich manželstva boli kvôli všetkým tým jazvám, strachu, hnevu a hlboko zakoreneným zraneniam, náročné.

Je úžasné, že Boh dal Júlii trpezlivého manžela a milujúci zbor. Prvé roky manželstva strávili veľa času na pastoračnom poradenstve. Júlia taktiež strávila veľa času s inými ženami zo zboru. Každý týždeň počúvala kázanie Božieho slova a zúčastňovala sa biblických skupiniek.

Kúsok po kúsku sa Júliina osobnosť začala otvárať ako nesmelý kvet, ktorý zohrieva slnko. Naučila sa dôverovať. Ovládla svoju prudkú povahu. Prestala vnímať každého v živote ako hrozbu. Prestala vnímať každú minútu svojho života ako zápas o kontrolu a sebaobranu. Dokonca sa začala zaujímať o iných ľudí, milovať ich a sústreďovať sa na nich. Čo ich trápilo? Aké bremená niesli? Ako ich mohla milovať? Členovia jej rodiny a jej priatelia, ktorí neboli kresťania, sa mohli len čudovať.

Čo chceme od Júlie? Chceme, aby pokračovala. Aby naďalej investovala do iných, pričom môže očakávať, že aj oni budú investovať do nej.

Nemusíte byť extrovertom, aby ste boli verným členom zboru. Niektorí ľudia majú veľa emočnej energie, niektorí len trochu. Na to však len povieme – pracujte s tým, čo máte. Verne nakladajte s akýmikoľvek zdrojmi, ktoré vám Boh dal, aby ste milovali svoj zbor a aby on miloval vás.

NECHOĎTE NAKUPOVAŤ

Ako sme povedali na začiatku tejto knihy, máte veľa dôvodov nechodiť do cirkvi. Preto vnímame túto chvíľu ako príležitosť nanovo objaviť cirkev. Odklon od cirkvi sa nezačal pandémiou alebo politickými zmenami. Svet živí vo všetkých nás inštinkty, ktoré nás odvádzajú od vízie zboru, s ktorou ste sa stretli v tejto knihe. Ak majú cirkevné zbory prekvitať aj počas neznámej budúcnosti, ľudia ich musia nanovo objaviť.

Samotný spôsob, ako dnes ľudia opisujú hľadanie zboru, poukazuje na zásadný problém. Ľudia hovoria, že idú „nakupovať" zbor. Keď nakupujete zbor, pýtate sa, čo môže zbor urobiť pre vás, nie čo môžete vy urobiť pre zbor. Nakupovanie taktiež naznačuje, že zbor je vecou obyčajných preferencií, ako rozhodovanie medzi značkami kečupu. A zákazník má vždy pravdu. Vernosť trvá, len kým zbor bude napĺňať vaše potreby.

Zamyslite sa nad vplyvom technológie. Už sme hovorili o tom, ako online bohoslužby a podcasty vytvárajú dojem, že pre svoj duchovný rast nepotrebujete ostatných kresťanov. Ak môžeme nájsť svoju obľúbenú hudbu na YouTube alebo obľúbeného kazateľa na Spotify, tak potom si môžeme nadizajnovať vlastný duchovný zážitok, ktorý prekonáva akúkoľvek polovičatú snahu, ktorú zažívame poniže ulice, keď sa pretekáme o miesto s rodinami, na ktorých nám ani nezáleží.

Výzvy, ktoré nové technológie predstavujú pre zbory, sa neobjavili včera. Nie sme prví, ktorí tvrdia, že automobil v podstate zrušil cirkevnú disciplínu v mnohých zboroch. Zrazu sa niekto mohol rozviesť so ženou bez udania dôvodu a jednoducho ísť autom do inej časti mesta alebo do iného mesta a tam aj do iného zboru. Už nemusí čeliť výzvam na pokánie, ktoré by prišli od starších zboru, ktorí chcú chrániť jeho ženu a deti. Nechceme povedať, že technológia je nevyhnutne zlá. Ide len o to, že prináša nové výzvy, ktoré často prehliadame.

A tak, znova a znova, musíme nanovo objaviť cirkev. Odišli sme ďaleko od toho, čo Biblia káže kresťanom. Apoštol Pavol povedal Filipanom: „Nič nerobte z ctižiadostivosti ani pre márnu slávu, ale radšej v pokore pokladajte iných za vyšších od seba a nevyhľadávajte každý iba svoje záujmy, ale aj záujmy druhých." Pri tom poukázal na príklad Ježiša, ktorý „hoci mal Božiu podobu, svoju rovnosť s Bohom nepovažoval za korisť, ale zriekol sa jej, keď vzal na seba podobu služobníka a stal sa podobný ľuďom a podľa vonkajšieho zjavu bol pokladaný za človeka" (Flp 2:3 - 4, 6 - 7). Ježiš sa pokoril natoľko, že zomrel na kríži, aby ho Boh mohol vyvýšiť. Ak chceme v cirkvi milujúcu jednotu, musíme ísť rovnakou cestou vzdávania sa samých seba. Žiadnou inou cestou sa nedostaneme na vrch, kde môžeme získať Božie uznanie: „Správne, dobrý a verný sluha" (Mt 25:21).

Poznáme kazateľa, ktorý často hovorieva, že nikto nemá cirkev, akú chce. Každý však má cirkev, ktorú potrebuje. Absolútne súhlasíme. Potrebujeme cirkevné zbory, ktoré nás volajú k niečomu väčšiemu, než sme my sami. Potrebujeme zbory, ktoré nás nakoniec volajú k Bohu. Keď nasledujeme Ježišov príklad, máme zbor, ktorý potrebujeme.

FORMATÍVNA INŠTITÚCIA

V dnešnej dobe sme všetci naučení využívať inštitúcie ako rodina, práca a škola, aby sme dosiahli svoje osobné ciele, ktorými je získať pozornosť a prijatie. Keď získame, čo potrebujeme, alebo od nás chce jedna z týchto inštitúcií niečo, čo jej nechceme dať, môžeme ju odhodiť a presunúť sa k ďalšiemu cieľu. Do nového zamestnania. Do novej rodiny. Do novej školy.

Osobný rast tak však väčšinou nefunguje. Vo všeobecnosti vás vzťahy nezmenia k lepšiemu, ak vás nekonfrontujú s vašimi najväčšími problémami. Zamyslite sa: kto sú najdôležitejší ľudia vo vašom živote? Súhlasia s každým vaším rozhodnutím? Alebo im dôverujete, že vás budú milovať za každých okolností a milovať natoľko, že vám povedia pravdu? Vzťahy s rodinnými príslušníkmi a priateľmi sa upevňujú, práve keď ide do tuhého. Budú vás podporovať pri vašom vrchole, budú vás zachraňovať pri vašom dne a budú vás chrániť, keď budete najzraniteľnejší.

Takýto druh cirkvi musíme nanovo objaviť. Cirkev nie je len ďalšia inštitúcia, ktorú využívame na vylepšenie si životopisu alebo nášho obrazu o nás samých. Cirkev z nás robí Božích mužov a ženy. Spolu sa stávame silnejšími. Zároveň sa dozvedáme viac o tom, kým nás ako jednotlivcov Boh chce mať – s našimi jedinečnými schopnosťami a vášňami. Cirkev nevymaže našu osobnosť. Zlepší ju spojením sa s naším stvoriteľom, ktorý nás stvoril takých, akí sme, a tiež spojením sa s ostatnými, ktorí v nás vzbudzujú lásku a silu, o ktorých sme nikdy nevedeli. Možno nemáte cirkev, ktorú chcete. Ale máte cirkev, o ktorej ste nikdy nevedeli, že ju potrebujete.

My dvaja nie sme natoľko naivní, aby sme nevedeli, že veľa cirkví túto víziu nespĺňa. Možno si myslíte, že podceňujeme výzvy, ktoré s tým súvisia. Opak je pravdou. Vďaka nášmu zamestnaniu vieme o temných stránkach zborov viac než väčšina ľudí. Sami sme ich zažili. Počuli sme o nich od iných. Videli sme ich u našich blízkych. Nechceme od vás, aby ste tolerovali zneužívanie alebo heretickú teológiu. Ani paušálne neodporúčame všetky zbory a neschvaľujeme zneužívanie moci a autority, o ktorom vieme, že je v zboroch bežné – v súčasnosti a bolo i v minulosti. Avšak veríme, že v cirkvi musíte očakávať napätie. Nemali by ste očakávať, že budete vychádzať s každým. Nemali by ste očakávať, že budete mať rovnakú víziu, priority a stratégiu ako všetci ostatní. Tieto napäté situácie nás všetkých skúšajú. Premýšľame pri nich, či v inom zbore za rohom by nám nebolo ľahšie. Možno by bolo, aspoň na nejaký čas. Nie však navždy, pretože aj v tom zbore stretnete hriešnikov zachránených milosťou. A aj vy budete stále hriešnikom zachráneným milosťou. Stretnete sa s tým dobrým aj s tým zlým, len možno trochu menej. Kým sa však Ježiš nevráti, žiaden zbor sa nevyhne sklamaniam a nezhodám.

Predstavte si zbor ako vlny prevaľujúce sa cez kamene. Vlny sú cirkev. Vy a iní členovia cirkvi ste kamene. Deň čo deň, vlny neprestajne prichádzajú. Prevaľujú sa cez každý kameň a udierajú kamene jeden o druhý. Z mesiaca na mesiac si zrejme nevšimnete veľký rozdiel. Po rokoch či dokonca desaťročiach si však tú zmenu všimnete. Keď vlny narážajú a kamene sa obtierajú jeden o druhý, ich ostré hrany sa obrusujú. Na slnku sa lesknú ako vyleštené. Žiadne dva kamene nie sú na konci tohto procesu rovnakej veľkosti alebo tvaru. Každý je svojím spôsobom jedinečný.

Nemalo by nás prekvapiť, že Peter, samotná „skala", tiež používa obrazy kameňov na opis cirkvi. Po prvé, Peter chce, aby sme videli, že cirkev je postavená na základe, ktorým je Ježiš. Aplikuje na Ježiša verš z Izaiáša 28:16: „Hľa, kladiem na Sione kameň uholný, vyvolený, vzácny; kto verí v neho, nebude zahanbený" (1Pt 2:6).

Po druhé, máme si uvedomiť, že Boh neočakáva, že každý bude považovať Ježiša za vzácneho. Takým ľudom Peter cituje Žalm 118:22 („kameň, ktorý stavitelia zavrhli; ten sa stal uholným kameňom") a Izaiáša 8:14 („kameňom úrazu i skalou pohoršenia") v 1. liste Petrovom 2:7 – 8.

Po tretie, chce, aby sme vedeli, že Ježiš postavil niečo nádherné – nás, cirkev: „Pristupujte k nemu, živému kameňu, ktorý ľudia síce zavrhli, ale pred Bohom je vyvolený a vzácny. Aj vy sa dajte zabudovať ako živé kamene do duchovného domu, aby ste sa stali svätým kňazstvom, ktoré bude prinášať duchovné obety, príjemné Bohu skrze Ježiša Krista" (1Pt 2:4 – 5).

Nemusíte chápať každú starozmluvnú narážku, ktorá tu je, aby ste žasli nad tým, čo Boh spravil v cirkvi. Keď veríme v Ježiša, sme zachránení od hriechu Bohom a pre Boha. Nie sme zachránení sami sebou pre seba samých. Boh buduje niečo oveľa väčšie, než sme my sami. Peter nedokáže skryť nadšenie: „Vy však ste vyvolený rod, kráľovské kňazstvo, svätý národ, ľud určený na vlastníctvo, aby ste oznámili veľké skutky toho, čo vás povolal z temnoty do svojho predivného svetla. Kedysi ste neboli ľudom, ale teraz ste Boží ľud; prv ste boli bez milosrdenstva, ale teraz ste milosrdenstvo dosiahli" (1Pt 2:9 – 10).

Vo vašom miestnom zbore sa toho deje veľa – keď nefungujú mikrofóny, keď sa stretávate na otvorenom priestranstve, lebo vnútri vám hrozí nakazenie, keď deti fňukajú, že chcú jesť, keď sestra Betka chrápe cez záverečné požehnanie, keď brat Jozef napíše niečo hlúpe na Facebook, keď kazateľ nemal dosť času na prípravu kázne, lebo mal pohreb a tri návštevy v nemocnici. Keď nanovo objavíte cirkev, uvidíte nádheru tam, kde väčšina sveta vidí iba kamene.

JEDNODUCHO SA DOSTAVTE

Túto knihu sme napísali, aby sme vám pomohli nanovo objaviť cirkev, aby ste chápali, prečo je Kristovo telo nevyhnutné. A čo teraz? Aký je ďalší postup? Máme pre vás dobrú správu. Je to ľahšie, ako by ste si mysleli. Jednoducho sa dostavte a opýtajte sa, ako môžete pomôcť.

Čítate dobre, to je pretavenie myšlienok tejto knihy do reality. Keď sa rozprávam (Colin) s novými členmi zboru, dávam im veľký sľub. Zatiaľ sa nikto nevrátil sťažovať sa, že som ich zavádzal. Sľubujem, že ak sa pravidelne dostavia (v našom zbore to znamená spoločnú bohoslužbu v nedeľu a skupinku v stredu) a budú sa usilovať starať o iných, cirkev im dá všetko, čo od nej chcú. To môže byť duchovný rast, priateľstvá, biblické vedomosti alebo praktická pomoc. Čokoľvek, čo od cirkvi chcú, získajú plnením týchto dvoch jednoduchých úloh.

Ak sa nebudete pravidelne zapájať, nebudete mať formatívne skúsenosti s cirkvou. Nebudete rásť v biblickom poznaní cez učenie, ani si nevybudujete hlboké vzťahy cez modlitby s ostatnými. A ak sa nebudete usilovať o dobro druhých, naučíte sa posudzovať váš zbor podľa toho, ako nespĺňa vaše potreby a ako sa o vás nezaujíma. Ani jeden z nás nikdy nevidel ľudí nanovo objaviť cirkev a získať to, čo od komunity očakávajú, ak sa pravidelne nedostavovali a nepýtali sa druhých, ako môžu pomôcť.

Nezabúdajte, ste telo Kristovo. Môžete byť rukou, uchom alebo okom. Nech už ste čímkoľvek, ste jeho podstatnou súčasťou. Telo bez vás správne nefunguje. A vy potrebujete Kristovo telo. Tak sa dostavte a pýtajte sa. Ostatní kresťania vás potrebujú viac, než si uvedomujete. Jedného dňa pochopíte, ako veľmi potrebujete vy ich.

Poďakovanie

Collin ďakuje Davidovi Byersovi za jeho modlitby a hmatateľnú podporu pri písaní tejto knihy. Taktiež chceme poďakovať za dovolenie použiť s úpravami malé časti nasledujúcich článkov a kníh pre túto knihu: *2. kapitola:* Jonathan Leeman, „The Corporate Component of Conversion," Feb. 29, 2012, 9Marks. org; *3. kapitola:* Jonathan Leeman, „Do Virtual Churches Actually Exist?" Nov. 9, 2020, 9Marks.org; „Churches: The Embassies and Geography of Heaven," Dec. 20, 2020, 9Marks.org; *5. kapitola:* Jonathan Leeman, „Church Membership Is an Office and a Job," May 7, 2019, 9Marks.org; *6 kapitola:* Jonathan Leeman, *Is It Loving to Practice Church Discipline?* (Wheaton, IL: Crossway, 2021); „The Great American Heartache: Why Romantic Love Collapses on Us," Nov. 21, 2018, DesiringGod.org; *9. kapitola:* Jonathan Leeman, „Church Membership Is an Office and a Job," May 7, 2019, 9Marks.org; *Understanding the Congregation's Authority* (Nashville: B&H, 2016).

JE VÁŠ ZBOR ZDRAVÝ?

Služba 9Marks poskytuje zborovým vodcom biblickú víziu a praktické zdroje, ktoré im pomôžu ukazovať Božiu slávu prostredníctvom zdravých zborov.

Chceme, aby sa zbory vyznačovali týmito deviatimi znakmi zdravia:

1. Výkladové kázanie
2. Biblická teológia
3. Biblické chápanie evanjelia
4. Biblické chápanie obrátenia
5. Biblické chápanie evanjelizácie
6. Biblické členstvo v zbore
7. Biblická zborová disciplína
8. Biblické učeníctvo
9. Biblické vodcovstvo v zbore

Organizácia 9Marks poskytuje články, knihy, recenzie na knihy a tiež online časopis. Organizujeme konferencie, pripravujeme rozhovory a vyrábame iné materiály, ktoré cirkevným zborom pomáhajú ukazovať Božiu slávu.

Navštívte našu webstránku, kde nájdete rôzny obsah vo viac než 40 jazykoch. Prihláste sa a dostanete zadarmo náš online časopis. Celý zoznam našich zahraničných webstránok nájdete na adrese *9marks.org/about/ international-efforts/.*

9Marks.org

ReFormatio je knižná edícia vydavateľstva Porta libri.
ReFormatio chce prispieť k tomu, aby

BOŽIA SLÁVA NAPĹŇALA ZEM TAK, AKO VODA NAPĹŇA MORIA.

Habakuk 2:14

V edícii ReFormatio sa snažíme
vydávať diela, ktoré

– vyvyšujú Ježiša Krista,
– vyučujú a aplikujú Sväté Písmo,
– vedú k evanjeliu, ktoré presadzujú v našich rodinách,
  komunitách i celej spoločnosti,
– vyzývajú ku každodennej zbožnosti vo všetkých
  oblastiach života,
– vystrojujú k dielu služby v rodinách, komunitách,
  v ekonomike, vzdelávaní i umení.

Veríme, že správne pochopenie Boha, nás a nášho prostredia
bude meniť aj naše city a vôľu. Pod značkou ReFormatio
vydávame kvalitné knihy, ktoré šíria biblické porozumenie
sveta a podnecujú k zbožnému životu v zmysle dôrazov
evanjelikálneho protestantského hnutia.

www.porta.sk/kategoria/reformatio

Collin Hansen a Jonathan Leeman
Na zbore stále záleží

Vydala Porta libri v roku 2022 v edícii ReFormatio.
Z anglického originálu Rediscover Church preložil Šimon Evin.
Redakčná úprava: Eva Viriková
Obálka a sadzba: Andrej Mišina – grafickydizajner.sk

Prvé vydanie

Porta libri
Legionárska 4
811 07 Bratislava
Tel. 02/55 64 08 68
www.porta.sk

9Marks ISBN: 978-1-958168-15-8

www.ingramcontent.com/pod-product-compliance
Lightning Source LLC
Chambersburg PA
CBHW071204120626
46546CB00006B/2409